JN436226

자의누리

자의누리

2012년 11월 22일 초판인쇄

지은이 | 최관하 외
발행인 | 최안치

펴낸곳 | 제이플러스애드
출판등록 | 1994년 3월 28일 제10-954호
주 소 | 서울시 마포구 성산1동 260-34 3층
연락처 | 전화(02)335-1155 팩스(02)333-7485

ISBN 978-89-86871-23-4 (03810)
값 15,000원

· 이 책은 제이플러스애드가 저작권자와의 계약에 따라 발행한 것이므로
어떠한 형태나 수단으로 이 책의 내용을 이용하시려면 본사의 서면 허락이 있어야 합니다.
· 잘못된 책은 바꾸어 드립니다.
· 이 책의 수익금은 청소년 선교를 위해 사용됩니다.

스승과 제자가 함께 쓴 시와 산문

자의누리

사화집

손은비 · 김태연 · 임현우
신치원 · 이준석 · 최관하

제이플러스애드

●글을 시작하며

스승과 제자가 함께 하는 것은 참 행복한 일입니다

1995년 저는 처녀 시집 〈나에게 너는 아름답다〉를 발간했습니다. 그 때 얼마나 기뻤는지 모릅니다. 그 해에 태어난 큰딸 다솜이로 인하여, 새로운 생명이 탄생한다는 것은 삶에서의 큰 환희라는 것을 알고 더욱 감사했던 그때였습니다.

그로부터 약 20년 세월이 흐른 지금, 모교인 영훈고에서 사랑하는 제자들과 사화집을 출간하게 되니, 제가 단독으로 책을 내었을 때보다 더한 기쁨이 있습니다.

저는 중학교 시절 한 국어선생님의 격려로 교사가 되었습니다. 그리고 글 쓰는 사람이 되었습니다. 영훈고에서 교사를 할 때 은사님이신 박영원, 엄원용 선생님이 계셨는데, 그분들의 격려로 시인이 되었습니다.

저도 이분들처럼 제자들에게 힘을 주는 선생님이 되고 싶었습니다. 못하는 것을 탓하는 것이 아니라, 잘하는 것을 찾아 사랑과 격려를 보내주는 것, 그러한 삶의 주인공이 되고 싶었습니다. 글쓰는 것에 소질이 있고, 또 나중에 작가가 되기를 꿈꾸는 제자들을 찾았습니다. 그리고 글을 써오고 서로 읽어가며 합평회를 하고, 시인에게 보내어 글에 대한 조언도 구했습니다. 그리고 〈자의누리〉라는 작은 책으로 엮게 되었습니다.

우리들의 모임 이름이 〈자의누리〉인데, 이것을 그대로 책 제목으로 삼습니다. 그 뜻은 '중심세계' 입니다.

글에 대한 평가를 하기 전에 '우리'라는 이름으로 모인 것은 큰 의미가 있다는 생각이 듭니다. 마침 영훈고에서 창의적체험활동으로 인한 지원이 주어졌습니다. 그래서 더욱 감사하게 진행할 수 있었습니다. 손은비, 김태연 양과 이준석, 신치원, 임현우 군은 앞으로 더욱 많은 노력을 할 것입니다. 그리고 이 시대에 좋은 글로 삶을 풍성하게 하고, 세상에 선한 영향력을 미치는 인생이 될 것입니다. 현재는 부족한 면이 당연히 있겠지만 더욱 노력할 것입니다. 저보다 더 훌륭한 작가가 될 것이라 확신합니다.

이 책을 내는데 여러 어려움을 무릅쓰고 어린 문인들을 위해 기꺼이 출간에 응해준 J-PLUS 이우양 사장님께 감사를 드립니다. 또한 귀한 축시와 아이들의 글에 대해 조언을 아끼지 않으시며 격려의 평을 해주신 박영원 시인께 감사를 드립니다.

스승과 제자가 함께 하는 것은 참 행복한 일입니다. 더욱이 같은 것을 꿈꾸는 것은 더욱 기쁘고 행복한 일입니다. 감사한 일입니다.

참으로 영광스러운 일입니다.

최관하(시인, '울보선생' 저자)

●축시

꽃의 독백 · 1

박영원

나는
당신을 위한
사랑입니다

나는
당신에 의한
미움입니다

나는
당신 마음의
거울입니다

---

* 박영원 시인은 〈우이동 시인들〉회원, 전 중국 위해학교 부교장, 전 영훈고 교사로 최관하 시인의 은사가 됩니다.

차 례

손은비

김태연

임현우

시

소설

신치원

시

이준석

시

수필

최관하

시

손은비

시

강아지

복숭아, 그 달짝지근한 녀석

이불

화장실

그리고 그려요

빈 도화지

소설

습관

작가의 말

안녕하세요. 영훈고등학교 1학년에 재학중인 손은비라고 합니다. 여러모로 뛰어난 것 하나 없는 평범한 제가 여러분께 제가 쓴 글을 보여드린다고 생각하니 정말 많이 설레기도 하고, 기쁘기도 하고, 쑥스럽기도 하고…….
아! 정말 말로 표현 못할 만큼 굉장히 떨립니다.

선생님께서 '작가의 말'을 써오라고 하셨는데 아직 '작가'라는 호칭이 어색해서 그런지 어떻게 시작해야하는지 썼다 지웠다 무한 반복하였습니다.
이번에 저는 여섯 편의 시와 한 편의 단편소설을 준비했는데요. 제가 쓴 그 글들은 지난 반 년 동안의 제 생각과 감정의 덩어리, 그리고 그것을 예쁘게 다듬어 여러분께 보여 드리는 것이라고 생각해요. 경험이 풍부하지도 못하고 글 쓰는 기술도 많이 부족하지만 정말 열심히 했습니다. 그러니까 꼭 예쁘게 봐주셨으면 좋겠습니다. 재밌게 봐주세요!

그리고 덧붙여서 책을 낼 수 있도록 도와주신 최관하 선생님, 함께 했던 작가양성반 〈자의누리〉 치원오빠, 준석오빠, 현우오빠, 승현언니, 태연이, 소중한 우리 가족 엄마, 아빠, 언니, 따뜻한 가르침으로 항상 저를 믿어주신 이주호 선생님, 이진희 선생님, 박선아 선생님, 이미현 선생님, 언제나 내 편에서 응원해주는 김민선, 정윤혜, 김자령, 심지선, 고승연이 아닌 고혜원, 권성민, 강주희, 우리 DYNM! 장윤영, 정수경, 최민경, 정시원, 최선미. 저를 도와주시고 바라봐주셨던 모든 분들께 감사의 인사드리고 싶습니다.
감사합니다! 지켜봐주셔서 고맙습니다!

강아지

복슬복슬한 꼬리를 팔랑팔랑
나는 네가 좋아!
과분한 사랑 내게 쏙 퍼줬다
이제 그만 할만도 한데
눈만 마주치면 생그르르,
또 톡! 톡! 달려와
안아줘~ 놀아줘~ 예뻐해줘~
칭얼대며 내 옆에 꼭 붙었다.
나도 네가 좋아~
보다듬고 안아주면
이제야 마음이 놓인 듯
내 무릎에서 새그르르,
또 멍! 멍! 짖다가
다시 내게 돌아와 잠에 빠졌다.
꿈에서도 나를 만난 듯
그 복슬복슬한 꼬리를 또 살랑살랑.

복숭아, 그 달짝지근한 녀석 앞에서

달아요.
참 손끝만 발그레
복숭아를 닮은 봉숭아 꽃물은
어느새 손끝에 매달려 대롱대롱

달아요.
어느 샌가 코끝에 스며든 그 향기로움과
손에 닿는 보들보들한 그대가 있어서
참 좋아요. 되게 달아요.

달아요.
그대가 나한테 해줬던 말
내 귓가에 속삭였던 말
귓속까지 간지르 녹아버릴 것 같아.

복숭아, 고 놈 입안에 쏙 들어가면
간지르르 다시 사르르르
그대의 사랑한단 그 달콤함, 내 맘 가득 퍼지면
내 볼은 어느새 분홍빛,
두 뺨은 다시금 복숭아빛

달아요. 그대
그대는 너무 달아요.

이불

몽글몽글, 너를 일으켜 내 몸 감싸면
너는 어느새 내 몸
나는 어느새 네 몸과 닮아져
새근새근 너의 품에서 속삭이다 이제 그만 눈 감으면
너는 나를 지켜주는
나의 몸을 안아주는 나의 바라기.
잘 자.
이 한 마디에 나는 네 품속으로
그리고 내 꿈속으로 또 다시 폭!
조용해진 공간 속 잠에 취한 나는
너에게 기대어 꿈속으로 하나 둘…….
한번 더 하나 둘…….

화장실

돌아보는 곳곳 너의 흔적에 나는 괴로워
너의 숟가락, 너의 슬리퍼, 너의 칫솔…….
둘러보다가 돌아보다가 발걸음을 멈추고
너와의 추억 문고리 살짝 열고 들어가면

아직도 다정하게 마주보는 칫솔이
한때에 다정하게 마주봤던 우리가
거울 속에 비춰 내 눈 속에 맺혀

솟아나는 눈물 덩어리 소매 끝에 매달고는
안녕, 다시 한 번 안녕!
혼자 남은 칫솔 그리고 치카치카치카…….

화장실 속에 너의 향기 가득해져 그냥 나왔다.
다시 가기엔 너로 가득 찬 그 곳이 너무 무서워
화장실 앞에서 나 주저앉아 엉엉 울었다.
너와의 추억이 너무 커져버려서
너와의 이별을 이젠 받아드릴 수밖에 없어져버려서

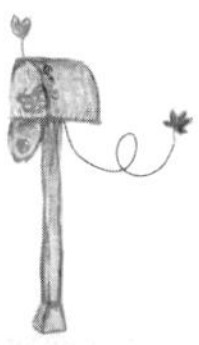

그리고 그려요

그리고 그려요
눈을 감아도
내 머리 속 온통 그대뿐이라
펜을 잡아도
자꾸 그리운 그대를 그려서

창밖에 도는 차가운 바람이
창문의 볼을 스치면
어느새 흐려진 창문에
네 이름 세 글자로 가득.
축축해진 손끝으로 가득.

나는 더 이상
다가갈 수는 없나요
바라볼 수도 없나요
그대는 내 맘에 아직도 그렇게 그려지는데
바라만 보고 싶어요.
멀리서 그냥 볼게요.

오늘도 그대를 잊을 수 있다는

잊을 수 있을 거라는

그런 의미 없는 믿음 속에서

나는 또 그대를 그리고 그려요.

빈 도화지

텅 비었던 나에게
넌 묻지도 않고 덜룩하게 나를 칠했다.
너의 손길을 기다리던 나는
너의 두 손에 일어나 네 움직임을 기다렸다.
내 위에서의 네 손끝 간지럼은 나란 존재를 쓸모 있게 만들었고
마찰 속에서 빚어진 작은 구멍도 너를 위해선 참을 수 있었다.
빗겨나간 선 위에 하얀 흐넉진 이불 덮어주면 답답해도 난
꼭 붙들고 있었다.
너는 언제나 그랬고 나는 널 좋아하는 만큼 다시 네게 맞추어나갔다.
그래 너는 그랬다. 너는 그랬고 너는……. 그랬다.

습관

새벽 여섯 시 반_ 너의 습관에 의해 내가 깼다.

멍하니 두 눈만 뻐끔뻐끔대다 힘겹게 일어났다. 몽롱한 눈 밑에 드리우진 검은 빛을 손등으로 비벼 문지르며 밥솥 앞에 앉아 밥을 꽂은 채 물끄러미 밥솥을 바라보았다.

"지금이……. 6시 35분"

시계 한 번 보고는 욕실로 향했다

치카치카……. 다시 치카! 퉤!

양칫물 입 안 가득 넣었다가 퉤하고 뱉고는 파란색, 다 닳아버린 칫솔 옆에 툭하고 꽂아놓은 물기 젖은 빨간 칫솔, 그 칫솔은 뱅그르, 뱅그르르 돌아 언제나처럼 파란 칫솔 옆에 섰다.

화장실에서 나와 옷을 찾는데 다 우중충하다. 화사하다 할 만한 옷들은 분명 너희 집에 있을 것이라 생각이 되자 허탈한 웃음이 터져 나왔다.

아침부터 네 생각이다.

밥을 푸려고 밥솥 앞에 섰더니 아직도 안되었는지 감감무소식이다.

고개 돌려 시계를 보면 아침 일곱시_

발을 돌려 냉장고 앞에 섰다. 그리고 컵라면 하나를 꺼냈다. 또 너다. 네 습관이다. 그랬다. 넌 항상 그랬다. 음식은 뭐든지 냉장고 안에 있어야 한다고, 하다못해 컵라면까지도…….

네 습관에 길들여진 나는 어느새 당연한 듯 냉장고에서 컵라면을 꺼냈다. 씁쓸했다. 너와 헤어진지도 64일째. 일주일간은 죽을 것 같다고 꽥꽥대며 울었고 일주일이 지나자 울 힘마저 사라졌다. 그리고 한 달이 지나자 무덤덤해지기 시작했고 두 달이 지나자 씁쓸한, 그 몽롱한 아련만 남았을 뿐 난 정말 아무렇지도 않았다.

시간은 또 흘러 아침 여덟시 반—

눈물이 맺혀버린 나는 꺼냈던 컵라면을 다시 냉장고 속에 넣었고 몸을 돌려 걸어가 바깥의 문을 열었다. 벌써였다. 선선했던 봄이 가고 찌는 듯한 여름이 온 것은. 넌 참 웃겼다. 꼭 한 박자씩 느리게 계절을 탔었다. 봄에는 춥다며 겨울용 점퍼를 껴입었고 여름에는 이제 좀 따스해졌다며 새싹을 찾곤 했다. 그러다 가을이 오면 덥다고 바다에 가자 졸랐고 겨울이면 어울리지도 않는 바바리에 책하나 끼고는 가을을 타는 남자라며 허풍을 늘어놓곤 했다. 뜨거운 햇빛이 문밖을 환히 비추었고 갑자기 봄에 어울리는 하늘하늘한 그 원피스가 입고 싶어져서 집 밖으로 발을 내렸다. 지금 나는 너와 닮아져 봄을 타고 있었다. 내가 너의 습관에 길들어져 버린 것일까? 어쩌면, 아니 절대로 내가 너를 만나 온 그 6년 동안 나는 너를 너무나도 닮아버린 것이 분명하다.

너의 집 앞, 내 손목시계 사이로 보이는 아침 아홉 시_

너는 자취하는 내가 걱정된다며 가장 근처에 있는 집으로 이사를 왔고 우리는 서로의 집을 시도 때도 없이 들락날락거렸다. 그때부터였다. 내가 너희 집에 들어가고 네가 우리 집에서 나오며 우리는 점점 아니 너무나도 닮아가고 서로를 위해 맞춰져 가고 있었던 것이 말이다.

삐리릭- 너의 현관 앞 비밀번호 키패드를 열었다. 심장이 쿵쾅거렸다. 몇 달 전까지만 해도 아무렇지 않게 누르던 손이 떨렸다. 도둑이 된 기분이었다.

'아니 나는 그냥 내 옷을 가지러 가는 것뿐이야.'

그래. 그래. 몇 번의 자기합리화 끝에 키패드에 번호를 입력하기 시작했다.

0.7.0.8

삐삑, 어 이상하다. 언제나 너의 비밀번호는 내 생일이었다. 분명 내 생일이었다. 그래 손이 미끄러진 것일지도 모른다. 내가 너무 긴장했나보다. 그래, 좋았어! 다시 한 번!

0.7.0.8

삐삑, 아니었다. 6년간 눌러온 그 숫사가 준 배신에 나는 굉장히 혼란스러웠고 나는 손이 가는 대로 마구 누르기 시작했다.

0.3.1.1

우리의 첫만남. 삐삑-

1.0.2.7

네가 나한테 고백했던 날. 삐삑-

……1.2.2.2

…… 헤어진 날. 삐삑-

더 이상 누를 수 없었다. 너는 나를 다 지웠구나. 돌아선 순간 스치는 숫자에 다시 뒤를 돌아

0.7.1.0

지금 내 비밀번호인 너의 생일. 그 네 자리를 누르면

"문이 열렸습니다."

그랬었다. 너는 나와 만나기 전엔 자꾸 비밀번호가 헷갈린다며 모든 것을 네 생일로 해놓곤 했었다. 너는 그때로 돌아갔다. 아직도 네 생일이 비밀번호인 나를 두고 말이다.

문고리를 돌렸다. 그리고 안에 들어갔다. 내 향기와 네 향기가 엉클어지던 네 집에는 어느새 네 향기만 가득이다.

신발장을 열어 내 슬리퍼를 찾는데 네 것 뿐이다. 이상한 기분에 욕실로 뛰어 들어갔는데 칫솔도 파란 새 칫솔뿐이었다. 주방에도 내 수저는 사라져버렸고 너와 내 사진으로 가득하던 탁자는 어느새 꽃병받침이 되어있었다. 힘이 빠져 터덜터덜 들어간 옷 방 속 내 화사했던 원피스도 어느 곳에서도 찾아볼 수 없었다. 그랬다. 사실 나는 아직도 64일전 너의 이별통보를 받던 그 순간인데 너는 달랐다. 너는 시간을 달려 너란 사람에게서 나란 사람을 지워버린 것이 틀림이 없다.

나는 너의 집에서 다시 나왔고 문이 닫힌 그 순간 나는 끝없이 달

렸다. 너의 집에서 달려갈수록 내 시계는 거꾸로 된 듯 자꾸 눈물이 났다. 이별로부터 한 달 전으로 일주일 전으로 하루 전으로 그리고 그 날로.

똑딱똑딱 현재 시각은 열 시_

틀어진 라디오 속에서는 예쁜 아나운서가 시간을 알려주며 계속 목소리로 내게 방긋거렸고 나는 주방 맨 끝 서랍에서 쓰레기봉투 하나를 꺼냈다.

네까짓 것 더 이상 좋아하지 않을 거라고 다짐을 하곤 쓰레기봉투를 활짝 폈다. 고개를 들자마자 내 수저가 보였고 그 옆에는 언세 나처럼 네 숟가락, 젓가락이 함께 있었다. 두 눈 꼭 감고 널 깨끗이 잊을 거라는 다짐을 손으로 모아 꽉 잡았는데……. 거기까지였다. 도저히 넣을 수 없었다.

“그래……. 이건 아니다. 다른 손님……. 아, 그래! 그때를 위해서 버리지 않는 거야. 그래 그런 거야.”

혼자서 중얼중얼, 계속 된 자기합리화로 날 설득한 채 나는 꽉 잡은 너의 수저를 다시 내 숟가락 옆으로, 내 젓가락 옆으로 그렇게 내 옆자리로 돌려놓았다.

씁쓸한 미소를 시으며 빈 쓰레기봉투만 터덜터덜 끌다가 내 방에 들어갔다. 그리고 천천히 옷장을 열면 내 옷 반, 네 옷 반 이건 뭐 당연히 버릴 수 있다는 생각에 쓰레기봉투 속으로 하나둘 집어넣었다. 그렇게 수북이 옷더미가 쌓이자 아차! 너도 혹시 나처럼 네 옷 찾으러 오는 것은 아닐까? 라는 생각이 여기저기서 튀어나왔고 네가 네 옷을 함부로 버렸다고 화를 내지는 않을까하며 나 혼자 마구 불안해하다가 '돌려주자…….' 라는 생각이 어느새 내가 너의 옷을 끄집어내게 만들었다.

"네 옷이니깐……."

꺼낸 너의 옷을 차곡차곡 개기 시작했다.

"내 옷이 아니니깐……."

함부로 버려서는 안 되겠다는 생각에 옷을 다시 접어 넣고는 다시 또 빈 쓰레기봉투 터덜터덜 끌다가 화장실로 갔다.

문을 열자마자 마주보는 너와 내 칫솔…….

이건 더 이상 어떻게든 쓸 수 없다는 생각에 이미 다 닳아버린 그 칫솔을 손에 쥔 채 밖으로 나왔다.

화장실에서 나오자 나는 다리가 풀려 털썩 앉아버렸다. 손에 쥔 칫솔과 미처 문을 못 닫아 마주보이는 화장실이 보였고, 내 눈이 화장실 속 덩그러니 있는 칫솔을 눈 속에 담자 그 위에 이별 후 혼자가 된 내가 다시 겹쳐보였다.

"읏……차!"

도저히 안 되겠다는 생각에 나는 풀린 다리에 억지로 힘을 줘 일어난 뒤 다시 화장실로 향했다. 그리고

"역시 네가 없는 나는 아무것도 할 수 없나봐."

툭! 하고는 다시 내 칫솔 옆으로 네 칫솔을 돌려놓았고 텅 빈 쓰레기봉투만 질질 끌다가 바닥에 앉아 다리를 끌어 모으고는 얼굴을 묻어버렸다.

도대체 너와 나는 어디서부터 잘못된 것일까? 머리가 지끈지끈 했다. 그리고 그때 내 휴대폰이 울리기 시작했다

딸깍하고 폴더를 열자 보이는 낯선 번호와 벌써 열두시_

나는 조심스레 통화키를 눌렀고 수화기를 통해서는 놀랍게도 전혀 낯설지 않은 6년 동안 매일 듣던 당연했던 너의 목소리가 흘러나왔다.

"여보세요."

"……여보세요?"

"어, 나야."

"응. 오랜만이네."

"어 그러게."

64일간 매일 듣고 싶던 매일 보고 싶던 네가 나와 통화를 한다는 것에 나는 꿈인 건지 아니, 꿈이라면 차라리 깨지 않았으면 좋겠다는 행복한 생각에 휴대폰을 두 손으로 꼭 잡았다.

"응! 근데 번호는 왜 바꾼 거야? 휴대폰 바꿨어?"

다행이다. 이번에는 길었지만 너는 다시 돌아왔구나. 나는 좋아 죽겠는 그 표정을 숨길 수 없었고, 내 목소리는 네가 돌아왔다는 그 사실로 기쁨에 붕붕 뜨기 시작했다.

"아, 휴대폰 질리기에 바꾸는데 번호 바꿔야 된대서"

"치……. 뭐야! 나랑 맞춘 휴대폰이잖아! 번호도 바꾸고 말이야!"

우리의 생일을 섞어서 만들었던 휴대전화 번호……. 그리고 아직

도 그 번호 그대로인, 예전 그대로인 나를 두고 헤어졌다고 넌 분명 욱하는 마음에 바꿨을 거라는 생각에 나는 64일만의 애교 섞인 투정을 부렸고 너는 내 그 기쁜 마음을 아는지 모르는지 수화기를 통해선

"우리 헤어졌잖아."

라는 차갑고 냉랭한 목소리만이 존재했다.

"어?"

행복했던 그 짧은 시간이 꿈이었는지 아니면 지금 너의 목소리가 꿈인지 나를 혼란스럽게 했고 내 당황스러운 목소리를 무시하곤 넌 귀찮다는 듯 입을 열기 시작했다.

"아, 됐고 집 들어왔었어?"

"어?"

"니가 뭔데 들어와?"

"아니……. 나는……."

"너 뭔가 착각하나본데 우리 헤어진 거 맞거든."

더 이상 나는 아무런 말도 할 수 없었다.

"왜 내가 헤어진 것을 핑계 삼아 너한테 짠~!하고는 이벤트라도 열어 줄 거라고 생각했냐?"

"……."

"비밀번호는 또 어떻게 알았대?"

"……왜 들어왔냐고?"

"뭐?"

"너 내 물건 어쨌어?"

“뭐라는 거야”

“내 옷 내 수저랑 내 칫솔이랑 내 슬리퍼랑……. 너희 집에 있던 내 물건 어쨌냐고!”

“버렸지.”

“아, 그래……. 미안! 나는 그거 찾으러 간 거였거든. 내가 바보였네. 미안하다. 그랬구나. 버렸구나. 그래 고마워. 내가 좀 바보여서 아니 엄청 바보여서 너 전화 한 통에 우리 헤어졌던 것도 잊고 있었어.”

나는 정신없이 울며 말을 토해냈고 아무리 닦아도 나오는 눈물에 정신없던 나는 흐릿한 눈앞에 반짝인 내 왼쪽 약지를 보고 살짝 진정한 상태로 다시 입을 뗐다.

“내가 정말 바보 같아서 말이지. 하나만 더 물어보려하거든? 반지는……. 어떻게 했어?”

“팔았어.”

“아……. 그래?”

내 왼손 네 번째 손가락에서는 아직도 너와의 추억이 잔뜩 묻어 있는 그 반지가……. 그 반지가……. 가득 찬 눈물 때문에 흐려졌다.

“야, 이제 더 이상 할 말 없지?”

나는 가득 찬 눈물과 흐려진 반지 때문에 더 이상 입을 열 수가 없었고, 너무 가득해진 내 눈물이 툭하고 떨어지자

“비밀번호 바꾼다, 다시는 들어오지 마.”

전화가 끊어지기 직전 너는

"그리고, 난 다 잊었으니깐 너도 빨리 나 같은 것 잊어."

라며 약간 누그러진 목소리로 전화가 끊어졌다.

"하……. 바보, 어차피 비밀번호 바꿨으면서."

오후 열두시 반_

햇빛이 살인적으로 내리쬈고 나는 6년 만에 내 손에서 반지를 뺐다. 정말 6년만이었다. 고백할 때 받았던 반지……. 씻을 때도 잘 때도 항상 내 손에서 떠나지 않아 친구들이 무슨 문신이라도 했냐고 혹시 안 빠지는 건 아니냐고 놀리고는 했었는데 그 기억이 다시 돌아올 수 없는 추억으로 바뀌는 순간이었다. 내 옆에 있던 그 쓰레기 봉투를 다시 들어 반지를 넣고, 너와 맞추었던 휴대폰까지 넣었다.

이상했다. 헤어질 때는 반신반의한 마음이었는데도 정말 죽을 것 같았는데 네가 다시 돌아오리라고 생각했어도 매일매일 울었는데 지금은 오히려 마음이 편했다. 나는 정말, 정말 담담했는데 어딘가가 답답했다. 고개를 돌렸다. 벌써 12시가 훌쩍 넘었고 시계의 시침은 열심히 숫자 1을 향해 달려 나갔다. 아까는 몰랐던 축축한 수증기 냄새가 났다. 아! 또 너다. 네가 표현하던 축축한 수증기 냄새, 땃땃한 지하냄새, 풀겨삭힌 초록의 숲 냄새……. 씁쓸한 마음에 축축한 그 냄새를 따라 가면 아까 해놨던 밥이 다 된 것이라는 것을 알았다. 밥솥을 열자 뜨거운 김이 얼굴을 덮었다. 주걱으로 먼저 밥을 펐다. 그리고 밥을 몇 번 뒤적인 후 밥솥을 닫았다.

드디어 오후 한 시_

시침이 숫자 1과 입맞춤했다. 너는 조금이라도 설익은 밥을 먹겠다며 뒤적이지도 않고 맨 위에 있던 밥을 먹었다. 밥은 뒤적여야한다고 나와 투탁이던 네가 생각나고 지금은 그 밥을 먹고 있는 내 모습이 우스워 '풋' 하고 웃었다. 분명 아까까지만 해도 화가 나고 울분이 터져 고함치던 나였는데 너와 헤어졌다는 사실을 확실히 알게 되자 그냥 살짝 마음이 아플 뿐이었다.

밥만 먹으려니 너무 퍽퍽했다. 그래도 그냥 네가 좋아했던 설익은 밥만 먹고 싶었다. 숟가락 가득 꾸역꾸역 밥을 밀어 넣는데 자꾸 눈물이 났다. 일부러 닦지 않았다. 아니다. 닦을 수 없었다. 이 눈물 끝에는 마음 한 켠의 답답함이 다 없어질 거라는 생각에 계속 울면서 밥을 먹었다. 두 그릇 세 그릇……. 더 이상 배불러 먹지 못할 지경까지 이르지 고맙게도 눈물이 그쳤다. 밥그릇을 싱크대에 놓고 물을 한 가득 부었다.

널 잊지 않겠다는 다짐 끝에 오후 한시반_

시간은 훌쩍훌쩍 흘러갔다. 마치 시간이 모든 걸 해결해 줄 것이라는 듯이 말이다. 내가 너와의 이별을 발했을 때 사람들은 모두 다 하나같이 이런 말을 내게 해주었다.

"시간이 약이라고, 시간이 흐르면 모든 걸 해결해 줄거야. 너무 울지는 마."

나는 그들을 믿었고 64일간 시간에 의지하며 너를 잊었다는 착각 속에 살았다. 옛말은 틀린 말이 하나도 없었다. 하지만 열심히 달리는 이 시간도 우리 둘이 함께 한 6년이라는 시간을 내 머릿속에서 흘려보내기에는 너무 벅찼나보다. 나는 너를 잊을 수 없었다. 6년간 우리는 아니 나는 너를 너무 닮아버렸다. 그래서 나는 결심했다. 너를 잊는 것이 불가능하다면 아름다운 추억으로 너와의 6년을 마침표 찍겠다고……. 말이다.

라디오를 크게 틀었다. 좋았어. 자신은 없었다. 그래도…… 그래도 였다. 그래도 아무것도 안하는 것보다는 낫겠지. 책장 맨 위에 제일 큰 상자를 꺼냈다. 옷 정리할 때 쓰려고 사놓은 건데

"후~"

하고 불었다. 잔뜩 쌓인 먼지에 나는

"콜록콜록……."

손으로 남은 먼지를 쓸어내리고 상자를 열었다. 무엇부터 정리해야 할지 감이 안 왔다.

"두 시의 데이트~ 오늘도 저랑 신나는 두 시를 즐기실 가족 분들 모두 모이셨나요?"

내 방에서부터 상자를 질질 끌고 거실에 도착하자 너와 내가 즐겨듣던 라디오가 시작했다. 벌써 두 시인가? 어서 정리를 해야겠다는 생각에 팔을 걷어붙였다. 주방에 와서 너의 물건 하나하나 조심스레 넣었다. 그릇은 깨지지 않을까 살짝 살짝 옮기기 시작했다. 네 물건 하나하나 바라보며 이건 이랬고 저건 저랬고 추억까지 상자에 차곡차곡 담았다. 네가 쓰던 그릇들로 상자가 꽤 무거워졌다. 질질

끌고 방안으로 갔다. 옷장 하나 가득 네 옷 투성이다. 하나하나 집어넣는데 또 울컥 눈물이 나왔다. 넣지 못하고 두 팔 가득 펼쳐 네 옷을 안고 엉엉 울었다. 아직도 남아있는 네 향기에 나는 얼굴을 묻었다. 잠깐은 이래도 되겠지 하며 엉엉 울다가 문득 두려워졌다. 내가 너를 정리할 수 있을까? 나는 고개를 세차게 흔들고는 옷을 상자 속에 넣었다. 나는 할 수 있다. 미소 지었다. 상자를 다시 질질 끌었다 화장실에서 너의 칫솔과 타월 그리고 현관 앞에서 64일간 그 자리에서 널 기다리던 슬리퍼를 들었다.

"안녕!"

대충 끝나가는 정리에 상자를 덮으려 할 때

"아!"

내 눈 끝에 보이던

"쓰레기봉투!"

거실에 널부러트린 쓰레기봉투를 들었고 그 안에 너와의 전화 후에 버렸던 반지와 휴대폰을 들었다.

상자에 넣기 전 반지에 입을 맞췄고 날 죽일 듯이 내리쬐던 햇빛은 어느새 따사로움을 하사하여 반지를 빛내주었고 입맞춤 끝에 아쉽게 반지와 휴대폰을 넣고 상자를 덮었을 때

"네 현재 시각은 2시 45분이고요, 이제 1부 마지막 사연 들려드릴게요. 아! 먼저 광고 듣고 오죠!"

DJ의 목소리에 아 벌써 시간이 이렇게 흘렀나 생각에 살짝 웃었다. 어지러운 마음에 머리를 헝클어 놓은 채 커다란 창문을 통해 나

를 비춰주던 그 햇빛을 한발 한발 밟으며 네가 좋아하던 그 달콤한 커피를 들고는 소파에 앉았다

시계는 아침부터 똑딱똑딱……. 두 시 오십분_

시계는 참 부지런했다. 아침부터 똑딱똑딱 쉬지 않고 똑딱똑딱 벌써 두 시의 끝자락에서 아슬아슬 줄타기 중이었다. 여러 가지 생각이 머리를 짓눌렀고 커피를 두 손으로 감싸 안은 채 머리를 젖혔다.

"아, 피곤해."

피곤해의 '해'가 'ㅔ'인가 'ㅐ'인가? 피곤헤? 피곤해? 심심헤? 심심해?……. 너의 나쁜 버릇이 또 물들었다. 어휴…….

"네~ 광고 듣고 돌아왔습니다. 1부의 마지막 사연 들려드릴게요!"

쉬지 않고 흐른 시간에 라디오 속의 여자도 쉬지 못하고 돌아왔고 나는 마지막 사연이 끝날 때까지만 쉬고, 다시 또 정리해야겠다는 생각에 커피를 내려놓고 잠시 눈을 붙였다.

"안녕하세요. 저는 서울에 사는 남모 군입니다. 두시의 데이트, 저랑 여자 친구가 드라이브하며 많이 들었던 라디오라, 제 옛 여자 친구가 만에 하나 들을지도 모른다는 생각에 사연을 올려요. 불과 몇 분전 그녀와 통화를 했습니다. 64일만이었어요."

눈이 번쩍 떠졌다. 나는 라디오를 가까이까지 가져왔고 볼륨을 더 높였다.

"저는 정말 나쁜 사람이었거든요. 저희는 6년간 연애를 했고 주위에서는 결혼은 언제 하냐? 벌써 결혼한건 아니냐며 은근한 압박들을 알게 모르게 많이 주셨어요. 사실 그런 시선도 부담스러웠고 그런 마음에 제가 한결같이 저만 바라보던 그녀까지 자꾸 피하게 되자 6년 동안 잘 피했었던 권태기가 저에게 찾아왔었어요. 저는 바보같이 이기지 못하고 그녀에게 이별통보를 했고, 64일이 지난 지금 저는 그녀를 점점 잊어가며 나름 잘 지냈다고 생각했는데……. 오늘 그녀와 통화를 했어요. 그녀가 저희 집에 두고 갔던 옷을 찾으러 왔었다고 하더라고요. 저는 저도 모르게 왜 남의 집에 들어왔냐고 화를 냈는데 그녀가 울더라고요. 거의 다 잊은 줄 알았는데 잊은 게 아닌걸 알게 되니깐 난 이제까지 뭘 한건가라는 그 허망한 마음에 그녀에게 막 화낸 것 같아요. 그녀는 제가 다시 돌아올 줄 알았나 봐요, 기다렸나 봐요. 바보 같죠? 그런 그녀에게 할 말이 있어서 사연을 올려요. 이제 그만 나를 잊으라고요."

나는 울고 있었다. 아까와는 비교도 안될 만큼 울고 있었다. 소리 낼 수 없었다. 소리 낼 틈도 없이 나오는 엄청난 양의 눈물에 나는 하염없이 울고 있었다.

"오늘 깨달았어요. 저는 아직 그녀를 잊지 못했어요. 하지만 노력할거에요. 그러니깐 그녀도 언젠간 마주보고 그날의 추억을 웃으며 말할 수 있는 날까지 각자 노력하자고요. 그리고 그녀에게 만나면서 거짓말 한 게 몇 가지가 있는데요. 그녀에게 성실해보이려고 매일 6시에 일어나서 6시 반에 그녀에게 모닝콜하곤 했어요. 그뿐만이 아니에요. 사실 그녀가 TV에서 나온 남자연예인이 바바리코트를 입은 걸 보고 멋있다고 했었거든요. 알아보니깐 어마어마하게 비싼데 그녀한테 잘 보이고 싶더라고요. 열심히 아르바이트해서 그 옷을 샀는데 벌써 한겨울이 되어 버린 거예요. 그래도 하루라도 빨리 보여주고 싶어서 계절을 한 박자씩 늦게 탄다고 거짓말했었어요. 그녀에게 멋있어 보이려고요. 하하. 바보 같죠? 또 컵라면을 사서 그녀 집에 간 적 있었는데 그녀가 저 온다고 집 정리를 급하게 했는지 찬장이랑 싱크대 밑 서랍이 옷이랑 안 빤 빨래들로 가득이더라고요. 그래서 어디다가 넣을까 당황하다가 원래 이런 인스턴트 제품들도 상하기 마련이라면서 막 우기고 냉장고에 넣었어요. 그뿐이 아니에요. 그녀랑 문자하다가 잘못해서 '심심헤' 라고 친 적 있는데 그녀가 놀릴까봐 창피해서 내 습관이라고 거짓말도 쳤어요. 그거 말고도 6년간의 추억 어마어마한데 하나하나 가슴속 깊이 담고 나중에 기분 좋게 생각할거에요. 만약 이것을 그녀가 듣고 있다면 마지막으로 해줄 말이 있어요. 이렇게 거짓말투성이였지만 그녀를 사랑했다는 것은 진짜라고요. 물론 과거형이지만요……. 라고 사연을 보내주셨는데요. 남모군의 그녀도 듣고 계신지 궁금하네요."

미친 듯이 쏟아지는 눈물은 점차 조금씩 줄어들었다. 나도 그가 내 말을 듣고 있다면 말해주고 싶었다. 많이 사랑했다고……. 정말 많이 사랑했었다고

"많은 분들이 문자 주셨어요. 0327님 '너무 슬퍼요 회사에서 몰래 듣다가 엉엉 우는 중!' 1011님 '세상에! 남자분! 여자분 잡으시면

안 되시나요? 이렇게 끝나기엔 너무 슬프잖아요!' 0117님 '이렇게 끝나면 안 돼요. 너무 슬프잖아요!' 하시네요. 0509님 '여자분은 보고 계실까요?' 라고 하셨는데요. 글쎄요, 보고계실까 궁금하네요! 여러분들 모두 슬퍼하고 계신데요. 음, 다소 역설적일지도 모르겠지만 저는 그렇게 생각하거든요. 이게 진짜로 슬프지만 아름다운 사랑이라구요"

나는 눈물, 콧물 범벅인 얼굴을 소매로 슥 닦았고 상자를 다시 열어 휴대전화를 꺼냈다.

"나쁜 놈……. 잊으라면서 더 못 잊게 하는 진짜 나쁜 놈……. 이씨, 이게 뭐야……."

휴대폰을 열고 꾹꾹꾹 누르고 바탕화면에 전송완료가 뜨면 "왜 박수칠 때 떠나라는 말도 있고요, 사랑의 절정에서 서로의 아름다운 추억을 위해 이렇게 이별한다는 것도 저는 나쁘진 않은 것 같은데요, 여러분은 어떠신가요? 어, 0708님 문자 왔어요. '그거 아세요? 습관이란 게 무서운 거라고요'. 라고 왔는데요. 0708님 말에 굉장히 공감되는데요. 마침 사연을 보내주셨던 남모군도 이 노래를 들려달라고 신청해주셨어요. 그녀와 여러 가지 함께했던 일들은 추억으로 아름답게 기억할 수 있는데 몸에 밴 여러 습관들은 어떻게 바꿀 수가 없네요. 아직도 그녀가 없는 침댄데 그녀 팔 베개 해준답시고 팔을 뻗고 자기도 하고 그녀 때문에 생긴 여러 거짓 습관들도 이젠 진짜 습관이 되어버렸어요. 라고 하시면서 롤러코스터의 습관, 노래 신청해주셨어요. 이 사연과 굉장히 잘 어울리는 노래네요.

남모 군님 그리고 우리 두 시 데이트 가족 분들도 이 곡을 끝마무리로 1부를 마무리 짓겠습니다. 롤러코스터가 부릅니다. 습관—."

라디오에서는 DJ의 목소리를 끝으로 롤러코스터의 습관이 흘러나왔고 나는 아직도 엉엉 울고 있었다.

"나쁜 놈 끝까지 멋진 척이야. 너무 잘 어울리잖아! 습관이 뭐야. 습관이……."

시침의 입맞춤 끝에 오후 세시 반—

그 노래를 끝으로 6년간 서로만 바라보며 습관적으로 닮아갔던 너와 나는 네가 떠난 이 시간 이후로 더 이상 만날 수 없었다.

롤러코스터의 습관, 그 노래의 부제는 Bye Bye.

6년간의 만남과 64일간의 이별 끝에 생긴 잊어가고 추억하기.

나는 알 수 있었다. 너와 내가 우리의 이별을 받아드릴 수 있어진다면 그런 날이 오게 된다면 너와 나는 bye bye가 아닌 그동안의 추억을 함께 웃고 넘길 수 있는 그런 특별한 사이가 될 수 있을 지도 모른다고 말이다.

어쩌면 네 습관이 이미 내 습관이 되어 돌이킬 수 없고 지울 수 없을지는 모르겠지만 억지로 없애지는 않을 것이다. 그것도 너와의 만남 끝에 생긴 기분 좋은 추억이라고 마음에 담는게 옳다는 것을 이제는 알았으니깐. 오후 세시 반 내 눈물은 따사로운 햇살에 의해 날아갔고 기분 좋은 산들바람이 코끝에 스쳤다. 그리고 들리는 노래 소리.

♬얼마나 많이 기다렸는지 너를 내게서 깨끗이 지우는 날 습관이란 게 무서운 거더군 아직도 너의 사진을 물끄러미 바라보면서 사랑해 오늘도 얘기해 믿을 수 없겠지만 안녕 이제 그만 너를 보내야지 그건 너무 어려운 얘기 참 신기한 일이야 이럴 수도 있군. 너의 목소리도 모두 다 잊어버렸는데 습관이란 게 무서운 거더군 아무 생각 없이 또 전활 걸며 웃고 있나봐 사랑해 오늘도 얘기해 믿을 수 없겠지만 안녕 이제 그만 너를 보내야지 그건 너무 어려운 얘기 습관이란 게 무서운 거더군 아직도 너의 사진을 물끄러미 바라보면서 사랑해 오늘도 얘기해 믿을 수 없겠지만 안녕 이제 그만 너를 보내야지 그건 너무 어려운 얘기 bye bye bye bye…….

작품평

깜찍한 재능, 튼실한 열매로 승화시키길

손은비 양은 참으로 깜찍한 재능의 소유자입니다. 시 '강아지'를 대할 때는 정말 순진무구한 어린 소녀를 연상케 하더니, '복숭아, 그 달짝지근한 녀석'을 비롯한 나머지 작품에서는 점점 성인으로 성장해가는 모습을 보여주고 있습니다.
비록 작품들이 시적 표현보다는 다소 생각의 서술에 그친 듯한 느낌을 주는 것이 아쉽기는 하지만, 깜찍한 것은, 이 작품 속의 정서를 자신의 소설 '습관' 으로 승화시켰다는 점입니다. 이 소설은 대중가요의 가사 내용을 소설화한 것 같은데, 이야기를 전개시키는 서사적 구성력이 매우 뛰어납니다.
손은비 양! 부단한 노력을 기대합니다.

김태연

시

광장
담벼락
눈물
수정액
앞머리
질답
편견
인형 I
인형 II
하늘액자 I
하늘액자 II
등대지기

소설

지하철
은방울꽃

작가의 말

고등학생이 되니 언제 한번 진로에 대해 생각해본 적이 있었던 적이 있던가 문득 그런 생각이 들더군요. 내가 진정으로 하고 싶은 것이 무엇인가 이 길이 진짜로 나와 맞는 길인가 여러 생각이 들기 시작하면서 저라는 존재를 다시 한 번 돌아보았습니다. 다른 사람을 대하는 내 태도는 어떤가. 남이 볼 때 나는 어떻게 보일까. 저는 답을 내릴 수 있을까요? 저는 언제나 같지 않으며 매순간 변하더군요. 다만 분명한 것은 제가 하는 모든 행동의 목적은 같았고 제가 하는 일을 행복하게 하고 싶어 했다는 겁니다. 제가 지금 고민하는 것은 그 목적을 제가 제대로 바라보고 있는가 방향이 옳은가에 대한 겁니다.

이 글들을 쓰는 그 시간을 포함해서 오래전부터 고민을 했습니다. 고민을 거듭하다가 어느 날 친구에게 "타임머신이 있어서 과거로 돌아가면 좋겠다."라고 말하니 그 친구는 "지금의 네가 미래에서 타임머신을 타고 온 거잖아."라고 답해주더군요. 이 말이 지금은 제 좌우명이 되었습니다. 저는 아직도 이 친구에게 고마워하고 있습니다. 이 말을 열쇠로 늦었다는 말로 잠가버린 문을 열고서 이제는 그 목적과 정말로 제가 하고 싶은 것을 찾았습니다. 그걸 깨달은 이래로 두근두근합니다. 뿌옇던 제 길이 눈에 들어오니 이제는 달릴 준비만 하면 되더군요. 지금 이 길에 후회가 없느냐고 행복 하느냐고 누군가 묻는다면 주저 없이 후회 없고 행복하다고 대답하겠습니다.

여러분들은 자신의 행복을 찾으셨나요?

광장

이 광장 모두
내 길이라 믿었다

어딜 걷든
무어라 하는 사람
하나 없으니

마음이 정한 이 잣대는
이미 낡아 방향조차
구분하지 못하게 됐는지도 모르고

갈 길 없어 서성이다
문득 바라본 하늘 위
새 쫓아 본 벽 너머
오색의 광장

나는 지금
광장 벽 위에 서서 새를 쫓고 있다.

담벼락

아이의 곁에는 담벼락이 있었다
그 담벼락은 그 아이보다도 커서
그 너머를 한 번도 본 적이 없었다
아이는 언제나 눈을 빛내며 말했다
「저 담벼락 너머에는 분명 아름다운 것들이 가득할거야.
어쩌면 징그러운 것들이 득실거릴지 모르겠어.
무엇이든 난 저 너머로 가고 싶어!」
그 아이는 조금 더 자랐다
이젠 담벼락 너머가 보였다
아름답게 펼쳐진 꽃밭을 보며
조금 더 자란 아이는 중얼거렸다
「그래 이렇게 아름다울 줄 알았어
지금 당장이라도 뛰어 내려가고 싶지만 지금은 안 돼
지금 내가 하고 있는 일이 끝나면 내려가겠어」

조금 더 자란 아이는 어른이 되었다
잊고 있던 담벼락은 이미 많이 낡아있었다
여전히 아름다운 꽃밭을 흘끗 보고
어른이 된 아이는 뒤돌아서서 말했다
「이미 늦었어 난 지금 내 생활에 만족해
위험을 감수하면서까지 저 아래로 뛰어 내려가고 싶지는 않아
더 이상 이곳에 오지 않겠어」

어른이 사라지고 남은 낡은 담벼락 한 귀퉁이가 우수수 떨어졌다
뽀얗게 먼지가 쌓인 계단을 드러내며

눈물

별안간 흐른 눈물

마음의 부산물이 들어있지 않은 무감정한 그것은
갑자기 투두둑
턱끝에 매달리다 투두둑

어째서인지
무엇때문인지
그저 흘려 보내다 떠올려.

너무 오랫동안 고여 있던 눈물이
썩지 말라고 스스로 나온 것이 아닐까.

수정액

오타를 덮고
잘못된 부분을 지워버리는
당신은
얼마나 하얗다고 그러십니까

점 허니를 지우려
손톱크기 얼룩을 만드는
당신은
정녕 하얗기만 합니까?

앞머리

앞머리를 자르지 않을 생각입니다

누군가를 쳐다보기엔
힘들겠지만

누군가가 절 바로 쳐다보기에도
힘들지 않겠어요?

질답

나에게 묻는다
이 길이 네 길이냐

나에게 답한다
답할 수 없다.

편견

제가 딛고 서있는
이곳은 아름답습니다
제 주위의 모든 것이
더럽고 검게 보인다해도
제가 딛고 서있는
이곳은 깨끗합니다

저는 믿고 있습니다
제 작은 발바닥 아래
이 작은 공간은
녹색으로 푸르게
빛날 것이라고
제가 한발이라도 들어 보이면
그 어떤 것보다도
빛날 것이라고

모두가 제 주변을 보고
더럽다고 외칠 때
저는 대답하겠습니다

눈을 감아보세요
그 아래의 푸른빛이
보이지 않으시나요.

인형 I

작은 손
그 위의 작은 인형
그녀를 꾸미는 것은
나의 행복
그 누구보다 예쁘게 해줄게
네게 맹세를 해

어느 날 어떤 사람이 말을 걸어 와
정말 예쁜 인형이구나

정말
기뻐서

나는 그 아이를
더 아름답게 아름답게
정말 예쁜 인형이구나
더 아름답게

더 늘어간다
칭찬해주는 사람도
인형의 장신구도

다들 인형을 좋아해!
인형은 정말로 아름다워!

아름다워?

이제는 인형보다
장신구가 더 무거워졌어
다들 인형을 칭찬해주지 않아
장신구를 칭찬해

목걸이가 반지가
참 예쁘구나.

인형 Ⅱ

화려한 인형아
저 옛날 수수하지만
인형이 아름다웠던
그때로 돌아와 줘

칭찬에 눈이 멀어
나는 너를
장신구 걸이로 만들었어

칭찬을 듣기위해가 아니라
너를 아름답게 하기위해
너를 사랑할게
너를 아름답게 할게

수수하지만
네가 아름다웠던
그때로
돌아가자.

하늘액자 I

시간이 흐르며
바뀌는 하늘액자

녹색 푸르던 액자는
회색 어두운 액자로

지금 저 하늘을 보고있는
저는
언제고 올려다보던
우리는

그렇게 액자를
닮아가나 봅니다.

하늘액자 Ⅱ

이 땅에 머리를 대고

하늘을 우러러보면

본디 없던 액자가

생기곤 합니다

높아져 가는

선입견이라는 건물만큼

좁아지는 액자

캔버스

우리의 글.

등대지기

나는
길잡이라오

빛을 실어 나르는
저 어선들의 루돌프라오

내 기꺼이 저 산타에게
이 빛을 전하겠소

멀고 먼 그곳에서
이 빛을 본다면

산타여
꿈속 어린 아이들에게
선물을 전해주시오

그 폭풍우
함께 견디어
이곳으로 오시오

그대가 닻을 내릴 때까지
돌고 돌리겠소.

지하철

오이도 오이도행 열차가 들어옵니다.

이번 이야기는 작가가 제법 시간에 쫓겼구나싶었다. 초반엔 호흡이 적당하고 제대로 된 스토리인가 했는데 후반으로 갈수록 맞춤법도 틀리고 마침표를 두 번 찍는가 하면 1인칭과 3인칭의 구분이 명확치가 않다. 이래서 인터넷 소설은 읽으면 안 된다고 속으로 되뇌면서도 읽는 건 일반 소설처럼 부피를 차지하지 않고 전자사전이나 핸드폰 MP3같은 곳에 넣어두고 읽기 편한데다가 쉽게 읽히고 내용이 가볍기 때문인가.

지하철은 한산하기 그지없었다. 다들 한창 밥시간 때라 그런 건지 개교기념일인 평일은 아침엔 그렇게 북적이던 지하철도 한산했다.

적당히 자리를 잡고 앉아서 핸드폰을 다시 들여다봤다. 문이 닫히고 지하철이 출발했다.

작은 액정 속에는 글씨가 빼곡하고 그 내용이 얼마나 재밌는지 다섯 정거장이 한 정거장밖에 되지 않는 것 같다. 이모 집까지 두세 정거장 남은 상태에서 옆에 어떤 할아버지가 앉았다. 옛날 흰색 정장에 백발이 인상적이었는데 안경을 코끝에 걸쳐 쓰시고는 두꺼운 책을 꺼내 드셨다. 그리곤 조용히 한쪽 다리를 꼬고는 책을 읽기 시작하셨다. 거참 세련된 할아버지다.

다시 고개를 화면으로 돌렸다.

…목적은 같지만 그것을 실현시키는 방법은 수만 가지로 갈리는 법이지. 너와 내가 지금 하는 것도 마찬가지야…….

팔락팔락.

신경 쓰인다. 흘끗 옆을 쳐다봤다.

얼핏 보아도 글자의 크기가 9p정도밖에 되어 보이지 않는 책이었다. 슬쩍 시선을 높이니 그 할아버지의 표정, 모습은 어느 영화에 나오는 노신사를 방불케 했다. 반쯤 넘어가 있는 책의 남은 쪽수는 어림잡아도 200p는 되어보였다. 이 화면 속 소설 역시 남은 페이지로 따진다면 그쯤 될 터였다. 새삼 기분이 묘해졌다.

옆에 앉은 그와 나는 모든 것이 반대였다. 그는 베이지색 옷을 입은 것에 반대로 난 검은 티셔츠와 푸른 청바지를 입고 있었고 그의 머리는 하얗게 센 반면에 난 까맣다. 그는 늙었고 나는 젊다. 또 그는 크고 무거운 책을 읽고 있고 난 얇고 작고 가벼운 핸드폰을 읽고 있었다. 왠지 모르게 이 상황이 우스웠다. 이렇게 다를 수도 있나? 어찌 됐든 둘 다 글을 읽는 사람일 뿐인데 읽는 모습, 대상 모두 다르다.

나는 문득 내가 다리를 꼬고 있는 방향과 노신사가 다리를 꼬고 있는 방향이 같다는 것을 깨달았다. 모든 것이 반대 되는 데도 그 자세, 방향은 같다. 지하철은 두 독자를 싣고서 같은 곳, 같은 목적지를 향한다. 어떤 사람은 목적지에 도착하기 전에 그만 읽을 수도 있고 다 읽을 수도 있으며 도착할 때 까지 못읽는 사람이 있는가 하면 도착하기 직전에 다 읽을 수도 있다. 저마다 도착할 때 까지의 시간을 어떻게 활용하는가는 자유지만 언제부터 출발하고 언제 도착하든지 간에 다 읽고서 여운을 즐기는 것도 나름 괜찮은 것 같다.

꼰 다리를 바르게 돌렸다. 핸드폰 속 글자가 눈에 들어오지 않아 눈을 감고 머리를 기댔다. 팔락이는 소리가 들린다.

은방울꽃

숨이 턱 막히고 입술이 바싹바싹 마르는 것은 문제가 아니었다. 이 검은 바닥은 너무나 뜨거워서 온몸을 불에 달군 듯 했다. 이곳은 내가 뿌리를 내릴 수 없는 곳이다. 온 몸이 그렇게 외치고 있었다. 주변은 아지라이 어른거리고 세상은 뒤집혀 두 개로 겹쳐 보이고 수많은 발이 지나간다. 처음 눈에 들어온 풍경이 그랬다.

검은 땅에 닿은 손이 화끈거려 들어보니 붉게 변해 따끔했다. 이곳에서 벗어나 다른 곳으로 가야한다. 그렇지 않으면 온몸이 이손처럼 될 거야. 그런데 어디로? 이 열기로 가득한 검은 땅에서, 뿌리도 내릴 수 없는 이곳에서 도망칠 곳은 어디에 있을까. 나는 이런 곳에서 살 수 없어. 그런데 난 왜 여기에 있는 거지?

고개를 돌렸다. 뺨이 뜨겁다. 주위에 형제들은 없었다. 풀 한 포기 그 흔한 개미 한 마리 보이지 않았다. 어디인가. 이 삭막하고 찌는 이곳은 어디일까. 두 발로 박차고 달려 나가고 싶어도 힘이 없었다.

들리지 않는 머리를 미친 듯이 들어올렸다. 어디 있을까. 어디일까. 제발. 기어서라도 나는 이 검은 지옥에서 벗어나야겠어.

이리 오렴.

어디로?

이리 오렴.

먼 곳에서 녹색이 드높게 뻗쳐있는 것이 보인다. 아아. 나는 틀렸어. 당신이 있는 그곳은 너무나도 멀어서, 나는 도착할 수 없어 나도 그 서늘한 곳에 있다면 얼마나 좋을까.

뜨겁던 손바닥이 갑자기 시원하다. 그대로 몸이 붕 떴다.

멀지 않아. 이렇게 가깝지 않니?

하얗게 빛났다. 눈이 부셔 눈물이 날만큼 아름다운 목소리.

위로 끌어올려져 무언가에 안겨졌다. 뜨겁지 않아. 서늘하고 시원한, 더 이상 검고 뜨거운 대지에 있지 않아도 돼. 고마워요. 이 서늘함으로 지옥에서 끌어올려준 천사.

온몸에 힘이 풀리고 빛 위로 검은 천막이 덮였다.

사락사락. 눈을 떴다. 무언가가 정수리에서 아래로 훑어 내렸다. 고개를 드니 바닥은 마르고 벽은 딱딱했지만 그 전의 검은 대지는 아니었다.

"머리가 많이 엉켰구나. 얼마나 먼 곳에서 온 거니? 조금만 더 늦었다면 완전히 익었을 거란다."

고개를 위로 쳐들었다. 천사였다. 그녀의 길고 흰 머리카락이 눈을 간지럽혔다.

"몰라. 여긴 어디니? 여긴 뿌리를 내릴 곳이 없는데, 너는 꽃이 아니구나? 아, 천사는 뿌리를 내리지 않아도 이런 곳에서 살 수 있는 거야?"

천사님이 눈을 동그랗게 뜨더니 실없이 웃었다.

"애는, 천사는 뭐니. 날 말하는 거야? 그렇다면 기분이 좋구나. 하지만 반말은 조금 곤란한걸. 그리고 나 꽃 맞아. 게다가 너처럼 씨앗이 아니라 벌써 만개한 꽃이지."

천사의 눈꼬리가 아래로 휘었다.

"반말이 뭔데?"

"네가 지금 내게 하고 있는 말의 방식. 내가 너보다 몇 번은 먼저 개화했으니 너는 내게 존댓말을 써야지."

"존댓말은 뭐야? 나는 너랑 똑같이 하는 것뿐인 걸."

기분 좋게 쓸어내리던 것이 멈췄다. 빙글 의자가 돌아가고 천사와 마주보게 되었다. 천사의 머리카락은 직모로 발끝까지 뻗어있었고 작은 핀들이 긴 머리카락을 넘겨주어 그녀의 얼굴이 환히 보였다. 빛나 보였던 그 눈이 내 눈과 마주 쳤다.

"자 보렴."

천사가 손가락으로 가리킨 방향에는 작은 이슬이 맺혀 있었다. 그 속엔 천사와 작은 천사가 비춰졌다. 구불거리는 머리카락이 목 근처에서 어른거리고 앞머리에 가려 눈이 보이지 않는 작은 천사.

거울 속 큰 천사와 눈앞의 천사를 번갈아 보았다.

"쌍둥이?"

"아냐. 저기 작은 꼬마가 너고 그 옆에 나랑 똑같이 생긴 사람이 나야. 우리의 모습이 비춰지는 거란다."

멍하니 이슬을 쳐다보았다. 저 작은 천사가 나?

"어때, 내가 더 크지? 그러니까 너는 나에게 말을 높여야하고 나는 너에게 말을 낮춰도 되는 거야."

"그럼 어떻게 말해야 하는데?"

"그건 말이지…….음…뭐라고 설명해야할지 모르겠다. 그냥 내가 너에게 지금부터 존댓말을 쓸게. 보고 따라해. 알았죠?"

"뭔지는 잘 모르겠지만 그럴게."

"존댓말을 쓰라니까요?"

서늘한 손이 머리를 쓸어 넘겨주었다. 아, 그 손이다. 검은 대지에서 구해주었던 그 손.

"그전에 통성명을 해야겠죠? 저는 이 벽에서 살아가는 담쟁이 덩굴입니다. 싹을 틔운 지는 2년 되었죠. 당신은 무슨 꽃인가요?"

"저는 은방울꽃씨입니다. 보다시피 아직 뿌리를 내리지 못했어요. 어디서 내려야 하는 거죠? 당신은 어떻게 뿌리를 내릴 수 있나요? 여기에는 부드러운 흙도 깨끗한 개울도 없어요."

"멀리서. 아주 멀리서 왔나 보군요. 이곳에 그런 곳은 없어요."

천사가 이슬 가까이 다가갔다.

"제가 잠시 잊었군요. 씨앗 분들께는 이름이 아직 없다는 걸. 앞으로 방울양이라고 불러도 될까요?"

"상관없어요. 저는 당신을 뭐라고 부르면 되나요?"

"아줌마라고 부르세요. 그것으로 됩니다."

천사는 머리에 꽂혀있던 핀 두 개를 꺼내 구불거리는 머리카락에 꽂아 넣어 주었다.

"이렇게 눈을 드러내니 훨씬 예쁘군요. 꼬마 천사님."

이슬속의 작은 천사의 눈이 휘었다.

아줌마와 함께 살다보면 여러 꽃들을 볼 수 있었다. 아줌마보다도 큰 해바라기도 나보다도 작으시면서 나이는 훨씬 많은 안개꽃까지. 아줌마가 더 큰 꽃에게는 존댓말-나와 아줌마가 서로에게 쓰고 있는 말투-을 써야한대서 작은 안개꽃에게는 처음에 말했던 식으로 말했다가 혼나고 말았다. 그 뒤부터는 그냥 모두에게 존댓말을 쓰기로 했다.

안개꽃이나 해바라기나 모두 나와 아줌마를 모녀로 착각하곤 했다. 같은 흰 머리카락이라서 그랬나. 그때마다 아줌마는 질색하곤 했다. 나는 싫지 않은데.

"아줌마, 아줌마는 내가 아줌마 씨앗인 게 싫어?"

햇볕을 쪼이고 있던 아줌마에게 물었다. 대답은 없었다. 뭐든 물어보면 다 알려주던 아줌마였는데 이번에는 말해주지 않았다.

바보야. 싫다는 거잖아.

이슬을 모아둔 작은 그릇을 쳐다보았다. 그동안 어깨에 닿을 듯 말 듯 자란 머리카락이 눈에 띈다. 구불거리는 머리카락 중에 특히 앞머리는 더 심했다. 한쪽은 아줌마가 준 핀으로 고정시켰지만 다른 한쪽은 그대로 눈을 덮을 듯 말 듯 굽이쳤다.

아줌마는 저렇게 곧바른데 왜 나만 이렇게 구불거려?

그릇 옆에 놓여있던 빗으로 죽죽 내렸다. 빗질 중에는 펴지는 것 같으면서도 빗이 떠나면 다시 돌아와 버렸다. 짜증나. 그릇에 한쪽

손을 푹 담갔다가 꺼내 앞머리에 비벼댔다. 다시 빗질을 하니 그제야 좀 펴진 것 같았다.

뚝뚝 물을 떨어뜨리는 채로 아줌마에게 달려갔다.

"아줌마, 저도 이제 안 구불거려요!"

아줌마의 눈에는 물귀신으로 보였나.

"어머 얘는 지금 왜 물을 뚝뚝 흘리니!"

마른 수건이 머리위에 얹어졌다.

"그러다가 싹이 틔워지기라도 하면 어쩌려고…….너는 여기서 싹을 틔우면 안 돼."

"왜요?"

"……."

대답은 없었다. 또다. 또 아줌마는 존댓말을 하는 것도 잊었지만 굳이 그 사실을 말하지는 않았다. 그저 말없이 머리를 털어줬다.

그러나 내가 계속 그 짓을 반복하는 바람에 이젠 아줌마도 내 앞머리도 포기했다. 이젠 앞머리에 구불거리는 낌새는 보이지 않았다. 그리고 다행인지 아닌지 싹이 트는 일은 없었다. 앞머리가 직모가 되기 했는데 조금이라도 만져주지 않으면 도로 구불거려져서 항상 매만져 주어야해서 불편한게 이만저만이 아니다.

그렇게 머리를 만들기 위해서 종종 그늘에서 벗어나 햇빛이 적당할 때 볕을 쐬며 머리를 말리곤 했는데 그것이 버릇이 되어 머리가 만들어진 지금까지도 종종 햇볕에 나가곤 한다. 그 사이 날은 그 지옥 같던 날보다도 더워져서 검은 대지를 밟는 건 언제나 조심

해야했다.

여느 때처럼 해바라기 씨의 이파리 그늘에 앉아 밖을 내다보았다. 수없이 많은 사람들이 몇 번씩이나 스쳐지나간다. 지나갔다. 뭐가 그리 바쁜지 쉴 틈 없이 걷고 달리고 하였다. 멍하니 아지랑이를 보는데 수많은 발사이로 작은 그림자가 보였다. 무엇인가 하고 자세히 봤다.

"많이 뜨겁지 않니? 얘야, 너는 지금 나가면 안 된단다."

해바라기씨의 말이 들리기 무섭게 나뭇잎그늘에서 뛰쳐나갔다.

"얘!"

무엇인지 알 것 같았다. 무엇인지 알아보았다. 뒤에서 무슨 소리가 들리는지 귀에 들어오지 않았다. 그늘에서 벗어나 무작정 앞으로 달려 나갔다. 발바닥이 벌겋게 익어가 따끔거리고 머리가 익을 것 같아도 멈추지 않았다.

도착했다. 작은, 나보다도 작은.

멀리서부터 봤던 그 작은 것을 붙잡고 질질 끌고 왔다. 뜨겁고 당장이라도 익을 것 같았다. 그래도 붙잡은 이 손을 놓지 않았다. 절대 놓을 수 없다.

담벼락에서 가장 습하고 구석진 곳까지 끌어왔다. 비로소 돌아보았다. 나보다도 작고 여린 아이. 그 아이의 어깨를 붙잡고 흔들었다. 눈을 뜨지 않았다. 마치 인형처럼. 아무 것도 하지 않고 그저 존재하고 있었다. 다시 그 작은 손을 붙잡았다. 끌고 왔을 때까지만 해도 검은 대지만큼 뜨거웠는데 지금은 새벽 서리처럼 차갑다.

너의 손이 차가운 걸까. 내 손이 차가운 걸까. 툭툭. 눈에서 무언가가 떨어졌다. 너는 더 살아갈 수는 없었을까. 원래 그렇게 죽어야 했던 걸까. 너도 나도 그렇게 검은 대지에 내던져 있었어야 했던 이유가 뭘까.

너의 죽음은 누구의 죄인가. 너를 늦게 발견한 나의 죄? 아니면 아무 말도 없는 너의 죄? 그것도 아니라면 저 검은 대지? 누구의 죄이든 너는 이렇게 영원히 열매를 맺을 수도 없게 되었다.

아이를 끌어안아 올렸다. 아줌마가 내게 해주었던 것처럼.

어째서 너는 이렇게 차가워야만 할까.

아줌마는 내가 물에 닿아서는 안 된다고 하셨다. 그럼 이렇게 얼굴이 물로 젖어가도 안 되는 걸까.

저 멀리 아줌마가 나를 찾는 소리가 들릴 때까지 그 아이를 안아주었다. 자리를 털고 일어설 때 그 아이를 가장 습한 곳에 묻어주고 떨어진 작은 잎사귀를 그 위에 얹었다.

그 아이가 어떤 꽃씨였는지는 해바라기씨의 아이들을 보고난 뒤에야 알게 되었다.

오래지 않아 아줌마는 세 번째 개화를 앞두고 있었다. 내일이면 자신의 아이들을 놓아줄 생각이라고 했다. 그녀의 봉우리에 가만히 귀를 기울이니 사락거리는 소리가 들렸다. 작은 꽃가루들 여기까지 그 생명의 기운이 뻗어 나왔다. 두근두근.

"내일이면 곤충 친구들이 이 아이들을 데려다 다른 곳으로 뻗어

보낼 거예요."

"정말 그럴까요? 이 아이들은 제 짝을 잘 찾아갈까요?"

아줌마의 안색이 조금 변했다.

"정말 그럴까? 한 아이도 버려지지 않고 제 짝을 찾아갈 수 있을까요?"

내 몸을 꼭 끌어 안아주었다. 아줌마를 처음 봤던 그때 같아서 두 팔을 벌려 아줌마를 마주 안았다. 나는 당신을 찾았어요. 이렇게 행복을 느끼는 건 살아있기 때문이겠죠. 그 아이에게 이 감정을 조금만이라도 알려줄 수 있다면 좋았을 텐데.

그렇게 끌어안고서 한참을 있었다.

다음날 아줌마는 개화를 하고 아이들을 곤충 분들께 실어 보냈다. 나는 담벼락에 기대어서서 그 모습을 처음부터 끝까지 지켜보았다. 안녕. 너희도 아줌마 같은 분들을 만나길 바라.

그렇게 여름이 지나고 가을이 되었다.

처음 아줌마를 만났을 때 이후로 전혀 자라지 않았다. 물론 싹을 틔우지 않았으니 당연한 것이겠지만 나는 아줌마의 곁에서 자라나고 싶은데 아줌마는 내가 싫은지 절대로 물을 가까이 하지 않게 했다. 그런 아줌마가 밉지는 않았지만 섭섭한 건 어쩔 수 없었다.

"오늘은 바람이 좋네요."

아줌마의 말에 하늘을 올려다보았다. 확실히 나 같은 작은 씨앗은 날아갈 정도로, 가볍지만은 않은 바람이지만 그래도 기분 좋은 바람이었다. 벽에 잠시 기대어 잠이 들었다. 꿈속에서 나는 하늘을 날고 있었다.

무언가 몸이 들려 오르는 느낌을 받았다. 화들짝 놀라 깨니 눈앞엔 아줌마가 있었고 나는 바람에 들어 올려져있었다.

"드디어 제 바람이 부는구나. 너를 보내기 위해 이 바람을 기다렸단다."

누굴 보내요? 왜요?

"아니, 영원히 불지 않았으면 했다. 하지만 넌 이곳에서 싹을 틔워선 안 돼."

울컥. 입은 열었으나 소리는 나오지 않았다. 저는 이곳에서 자라고 싶어요. 당신 곁에서 평생을.

"이렇게 뜨겁고 더러운 연기로 가득한 곳에서는 넌 그저 하루하루가 지옥일거야. 싹을 틔우고 한 달은 버틸 수 있을까?"

아줌마의 손이 내 뺨에 닿았다.

"수많은 아이들을 보내고 다른 아이들을 보았단다. 아스팔트 위에서 익은 아이들. 처음엔 수많은 아이들을 끌어올렸지. 그런데 그 누구도 살아남지 못했다. 나는 그 아이들을 가장 습하고 구석진 곳에 묻어주었단다. 내가 낳은 아이들도 다른 곳으로 떠나가고 주위로 날아온 아이들은 내 품속에서 죽었단다. 혹여 내 아이들도 중간에 동떨어져 그 아이들처럼 죽어가진 않을까. 그러던 중에 네가 날아왔단다."

조금씩 멀어져 날아가는 내 머리를 쓸어 넘겨주었다.

"너를 만난 건 행운일까. 너를 사랑하지만 보내주지 않으면 그 전의 아이들처럼 너는 죽어갈 텐데. 네가 내 딸이 되면 안 된다. 내 아이들은 모두 떠나가고 죽었으니까 너마저 그렇게 두기는 싫었다."

순간 그녀의 젊었던 얼굴은 푸석 늙어 보이고 순백으로 보였던 머리카락들은 황록색으로 변해간다. 천사가 아니었다. 그저 지나가면서 흔히 볼 수 있는 들꽃이다.

"이 바람은 가장 가까운 산을 향할 거란다. 짧은 만남동안 즐거웠다."

순간 바람이 위로 솟으며 멀어져갔다. 싫다. 나는 새로운 만남이 두렵다. 나는 당신이 좋아.

"…마."

그녀와 눈이 마주쳤다.

"엄마!"

언젠가 당신의 아이들이 제게로 날아온다면 당신이 제게 베푼 모든 것들을 돌려주겠습니다.

"엄마...."

제게 뭐라고 하지 않으시는 걸로 보아 이제는 얼굴은 적셔도 되는걸까요.

"엄마."

당신은 제 첫 행복이었습니다.

바람을 타고 날아 더 이상 검은 대지가 눈에 띄지 않는 곳에 도착했다. 마냥 깨끗하지는 않지만 맑고 따스한 곳이었다.

엄마. 이곳이지요. 당신이 보내주시려 했던 곳.

뿌리를 내렸다.

아마 다시는 볼 수 없겠지요. 그래도 괜찮습니다. 모든 것이 돌고 도는 거지요. 당신이 제게 베풀었던 인정도 다른 이들에게 돌려줘야 하는 것이고 잊어서는 안되겠지요. 그렇게 행복은 그 인정의 길을 따라 언제고 다시 찾아 올테니.

언젠가 인간들이 하는 말을 엿들은 적이 있습니다.

멀리서 황록색 작은 아이가 바람에 날아왔다. 그 아이는 발치에 떨어졌다.

제 꽃말은 다시 찾아온 행복이라더군요.

작품평

세상을 밝힐 등대지기가 되길

김태연 양의 작품은 나로 하여금 지난날들을 떠올리게 했습니다. 그의 시 한 편 한 편이 모두 내가 꿈 많던 청소년기에 겪었던 정신적 갈등의 편린들이었기 때문입니다. 그럼에도 불구하고 김태연 양이 고마운 것은, 자신의 갈등을 스스로 극복하려는 과정과 의지를 시로 잘 승화시키고 있다는 점입니다.
'광장'을 통해 꿈을 펼칠 수 있다고 생각했으나, 끝내는 '담벼락'에 막혀지고 맙니다. 그래서 눈물을 흘리며 '수정액'에게 순수의 가치를 묻기도 하며, 세상의 꼴을 보기가 싫어 '앞머리'를 자르지 않겠다고 다짐하면서. 자신의 현실적 진로에 대한 자문자답을 해보지만 답을 구할 수 없다고 말합니다. 그러면서도 김태연 양은 이에 굴하지 않고 심기일전하여 '편견'과 군더더기 없는 순수한 '인형'을 그리워하며 '등대지기'가 될 꿈을 굳게 다집니다. 여기에 김태연 양의 작품에 매력이 있습니다.
김태연 양! 타인의 권유가 아닌 자신이 선택하여 이루어나가는 꿈, 그것은 아름답기에 반드시 이루어집니다. 힘내십시오.

임현우

시

탄생
어린 날의 풍선
요즈음
학교 가는 길
자화상
과거 현재 미래

소설

이불

작가의 말

차임벨이 울렸습니다. 분명 방금 전에 수업시간을 알리는 종이 쳤는데요. 아마 실수로 한 번 더 울린 것 같습니다. 조금 있으면 아마 다시 종이 한 번 더 칠지도 몰라요. 선생님이 오시기 전. 차임벨이 다시 울리기 전. 그래요. 지금이 내 쉬는 시간입니다.

행복해요. 짧아 보여도요. 사실은 엄청나게 긴 시간입니다. '겨우' 보다는 '무려' 겠죠. 가득 비어버린 공간에 혼자는. 외롭잖아요. 메우기 힘들어요. 그래서 가끔 있는 이 시간에. 차곡차곡. 언젠가 일이 모두 끝나고 영원히 쉬는 시간이 주어졌을 때. 외롭지 않도록.

지금 이 시간에. 그렇지 않나요? 행복하지 않나요? 여러분도.

믿어지지 않습니다. 믿을 수 없습니다. 책을 펴냈습니다.

'꿈은 이루어진다.' 그저 상투적인 표현일 줄만 알았는데. 감격에 겨워서 대체 어떤 말을 써야 될지 모르겠습니다.

'어린 날의 풍선'은 정말로 애착이 갑니다. 어렸을 때의 제가 화자로 등장합니다. 읽을 때마다 참 아련하네요.

'자화상'은 지금 보면서 굉장히 슬퍼져요. 아. 19살인데 벌써……. 그렇습니다.

소설 '이불'은 제가 처음으로 끝을 다듬은 소설 같네요. 저는 항상 어떤 소설을 쓰든지 결말까지 다 지어놓고는 글이 안 써진다며 포기하는 경우가 많았거든요. 그런 의미에서 이 '이불'은 참으로 의미 있는 소설입니다. 아내의 주치의의 말부터가. 제가 전달하고픈 이야기랄까요.

고질병이 나오네요. 끝을 어떻게 마무리 지어야할까요. 그래요. 감사하면서 끝내겠습니다.

글이 아직은 미숙한 고3학생에게 책을 내게 해주신 최관하 선생님 정말 정말 정말 감사합니다. 책을 같이 낸 영훈고 '자의누리' 정말 고맙고. 참 아낍니다! 그리고 글을 읽어주신 모든 분께 감사합니다.

탄생

발이 세상을 밟는다.
마음 속. 작은 점 하나

눈이 세상을 섞는다.
꼬리가 생겨나고

머리가 조물조물 반죽한다.
평이한 향긋함이

가슴이 뜨거이 굽는다.
나선 되어 온몸을
휘감을 때.

비로소 손끝에서 뿜어진다.
티끌은 세상으로
머리를 내민다.

어린 날의 풍선

보여주자

이만하면 될까?
아니야. 더 크게

이만하면 될까?
아니야. 조금만 더 크게

이제 더 이상 불면 터지겠지?
딱 한 번 만 더 불어봐!

자. 이제 보여주자. 전해주자.
저기 보인다. 자 열 걸음
한 걸음.
전해주는거야.
등 뒤에 숨겨둔 커다란 것을

궁금증에 가득 찬 얼굴 앞에 두 손을.
긴장을 억누르려 잔뜩 힘이 들어간
두 손을 내민다.

펑!

좀 더 큰 풍선을 보여주고 싶은 것 뿐이었는데—
처음이라 서툴렀던 것 뿐인데—

멀어진다. 열 걸음
보이지 않아.
눈물 자욱이 남은 발자국
아직 온기가 서려있는데.

많이 놀랐겠지?
내일 만나면 어떤 표정을 지어야 할까.
풍선은, 서로에게 상처를 주는구나.
다시는 불지 않을테야.

요즈음

나는 하늘을 좋아했다
고등학교 3학년,
예전에는 하늘을 바라 볼 때가 많았는데
요즈음은 땅을 더 많이 바라본다

머리에 담아두는게 많아서 일까
잘못한 것도 없는데 익은 벼 마냥
점점 겸손해 지는 고개

다시금 힘차게,
올려다본 하늘에
그 많던 구름들은 어디가고
더 멀어져 보이는 파란 하늘
고개 떨구어 앞을 향한다

저 머나먼 땅 끝, 하늘이 겹쳐있다면
이 땅 끝까지 걸어가 하늘에 닿으려만

성인이 되기 하루 전
예전에는 하늘을 바라 볼 때가 많았는데
요즈음은 땅을 더 많이 바라본다.

학교 가는 길

늦은 새벽
같은 목적지. 조금은 다른 방향
한 시간이 늦게 온 거리,

내려 놓고 온 귀마개
타박 타박
아 찾았다.
줄무늬 고양이와 한 바탕 눈 씨름을 벌인다.
냐옹냐옹
맑게 스며드는 고운 데시벨.

그래. 소리가 들려온다.

내려 놓고 온 버스 카드
두리번 두리번
아 보인다.
솜털모인 민들레, 알록달록 무당벌레.
쏴아쏴아
시원하게 귓등을 스치는 바람의 오선지

그래. 무언가가 보인다.

늦잠을 잔 시간이 헐레벌떡,
나를 쫓아온다.
어서와.
오늘만큼은. 나를 따라온 시간을
담담히 맞이한다.

자화상

일 년을 하루에 보낸 다음 날 아침
면도를 하려 본 거울에는,
당신이 서 계셨습니다.

당신은 매일을 이렇게 보내셨던 것일까요

어느새 주름진 이마는,
당신을 닮아 갑니다
어느새 탁해진 눈동자는,
당신을 봅니다

당신은 여전히
살아계십니다.
내 안에서

나의 모습으로

당신의 모습으로

언젠가부터 당신만큼 무거워진 입이,

당신을 부릅니다.

아. 버. 지.

나는,

당신을 닮아갑니다

과거. 현재, 미래

자유로이
날아오르던 푸른 창공.
마음껏
뒹굴어도 좋았던 하얀 대지.

비둘기 색 손이
너를 끌어내려 대지에 뒹굴려
튀김옷 입혀지듯
태초에는 희었을지 모를 순수한 네가
물든 세상은
비둘기 색.

네가 뒹군 세상은 인간이 만든 것
비둘기 색 세상은 우리가 만든 것.

서 있는 대지도,
올려본 창공도,
숨 쉬는 이 공기마저도, 같은
비둘기 색,

너를 피하고
너를 손가락질하는 우리도 결국
언젠가는
비둘기 색이 되어……

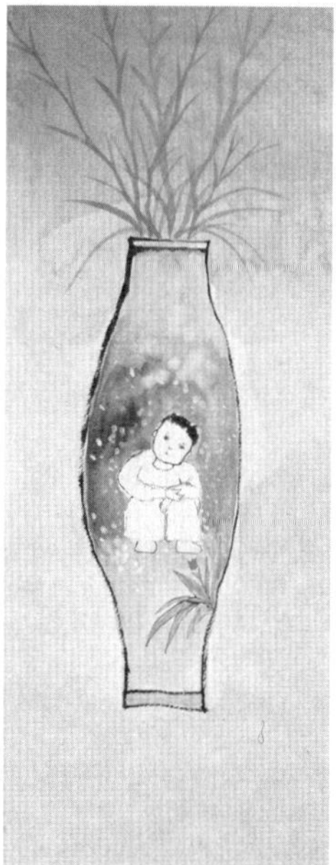

이불

일요일 새벽 5시. 평소보다 한참을 일찍 울리는 핸드폰 알람에게 잠을 도둑맞았다. 지난주 일요일 알람을 지우지 않은 것이었다. 2인용 침대 한 켠에 누워서 옆자리의 베개를 바라보니 있어야할 그이가 없었다. 자리에서 일어나서 그이를 찾아볼 생각은 없었다. 아마 다른 방이나 거실의 소파에서 자고 있을 것이었다. 나는 다시 눈을 감고 잠을 청했다.

얼마나 지났을까. 커튼에 가리어 무참히 부서지던 햇살이 커튼을 넘어 내 눈가에 장난을 치기 시작할 때 쯤. 그이는 없었다. 거실의 소파 위에도, 작은 방에도, 화장실에도, 옷 방에도, 베란다에도. 그 어느 곳에서도 모습을 찾아볼 수가 없었고 다만 거실의 탁자 위에 쪽지만이 놓여있었다.

'잠깐 나갔다 올게. 전화하지 마.'

짧은 쪽지였다. 처음에는 멍하니 쪽지만 몇 번이고 되풀이해서 읽었다. 그 짧은 쪽지의 내용을 이해하게 된 것은 핸드폰으로 전화를 한 바로 다음이었다.

'핸드폰이 꺼져있어 전화를 받을 수…….'

몇 번이고 전화를 해보았지만 전화기는 계속해서 같은 말만 내뱉을 뿐이었다. 화가 치밀었다. 무언가 모를 감정이 꾸물꾸물 올라오는 것을 억지로 꾹 눌러 담았다. 이렇게 아무 말 않고 집을 나갈 사람은 적어도 나였어야 했다. 얼마 전에 봤던 영화에서 나오는 괴력의 남자가 망치로 뒤통수를 내려찍은 듯한 충격이 울려 퍼졌다.

그이와 나의 사이가 틀어지기 시작한 것은 6일 전부터였다. 그이는 대기업 간부였다. 평소에는 늦어도 10시면 집으로 돌아오곤 했던 그이는 그 날 11시 반쯤이 되어서야 집으로 돌아왔다. 평소라면 조금 늦는다는 전화를 하는데 그 날은 그런 전화도 없었다. 그이는 멀리서도 느껴지는 무거운 발걸음으로 집에 들어와 씻지도 않고 넥타이만 푼 채 침대에 누웠다.

'그럴 일이 있어. 회사일이니까 신경 쓰지 말고 민저 자고 있어. 한동안은 언제 들어올지 몰라.'

그때까지만 해도 아무것도 몰랐다. 그리고 다음날 아침. 그이는 일이 있다며 일찍 집에서 나갔고 나는 좀 더 침대에 누워있기로 했다. 침대에 누워 이불을 덮는 순간 처음 맡아보는 향기가 느껴졌다. 이틀 전에 이불빨래를 한 탓에 새 이불을 꺼내어왔었는데 그 이불에서는 새것의 냄새만 났을 뿐 이런 향은 나지 않았었다. 무언가 분홍빛이 감도는 그 느낌은 나를 굉장히 불쾌하게 했다. 나는 이불을 걷어내고 창문을 열어 환기를 시켰다. 그리고 욕실에 가서 세탁물을 뒤적이기 시작했다. 그이의 와이셔츠였다. 세탁물에 섞여있어서 물 냄새가 났고 또 땀 냄새가 났고 담배냄새가 났고 희미하지만 분홍빛 냄새도 났다. 회사의 방향제를 바꾼 것일까. 아니면……. 머리를 흔들어 생각하기를 그만두었다. 그렇게 성실하고 착한 그이가 그럴 리가 없었다. 내가 그이와 결혼한 이유는 재력도, 외모도, 능

력도 아니었다. 성실함과 착함 그 둘뿐이었다. 아이 하나 없이 10년 동안 결혼생활을 지속할 수 있었던 이유는 우리는 서로의 사생활을 지켜주고 주말을 항상 함께 보냈기 때문이었다. 지난주에도 풋풋한 신혼 때처럼 영화를 보고, 얼굴을 맞대고 차를 마시며 대화하고, 쇼핑을 하고, 장난을 치며 이불빨래를 했었다. 그런 그이가 갑자기 바람을 필 이유는 없었다.

해가 정수리를 정면으로 내려다보는 오후가 되어서야 나는 일을 시작했다. 마감일이 다음 주이기 때문에 나는 신경이 곤두 서 있었다. 럭비공처럼 튀어대는 가슴을 진정시키고 머리를 차갑게 식힌 다음이었지만 내 머리는 한여름의 아스팔트처럼 금방 다시 달아올랐다. 펜은 내 정신 상태를 그리듯 손에서 뱅글뱅글 돌아가기만 했고 시계 바늘 역시 가차 없이 뱅글뱅글 돌아만 갔다.

그이는 이번에는 12시가 되어서야 집에 들어왔다. 더욱 더 피곤이 묻어나는 얼굴은 마치 누군가에게 정기를 빨린 듯한 느낌을 들게 했다. 나는 그이에게 다가가 안겼다. 보고 싶었어요. 라고 말하는 내 입과는 달리 코는 후각을 곤두세우고 분홍빛 향을 찾기 시작했다. 있었다. 이불에서, 그이가 벗어놨던 세탁물에서보다 조금 더 강한. 분홍빛 향은 나조차도 취하게끔 만드는 듯했다. 여보. 회사에서 방향제라도 바꿨어? 향기 좋다. 그이는 귀찮다는 듯이 '응' 이라는 짧은 대답만을 남기고 바로 침실로 들어가 버렸다. 역시 마찬가지로 넥타이만 푼 채였다. 내일 아침에 또다시 이불에서 분홍 빛 향을 찾게 된다는 두려움에 나는 한참을 잠을 이루지 못했다.

그런 며칠이 이어졌고 어느새 토요일이 되었다. 토요일 역시 그이는 늦게 들어왔다. 나는 화요일부터 매일 했던 것처럼 보고 싶었어요. 라고 말하고 다시 후각을 곤두 세웠다. 역시나 분홍빛 향은 존재했다. 안기기 전부터 그가 현관문에 손을 댈 때부터. 복도에서 다가오는 발자국 소리를 타고. 14층 엘리베이터를 타고. 나는 그것을 느낄 수 있었다. 내 의혹은 드디어 최고조에 달했다.

"여보 회사에서 방향제라도 바꿨어?"

그이는 도리어 화를 냈다.

"대체 나한테 무슨 말을 하고 싶은 거야!"

"요즘 들어서 나랑 말도 안하고 집에 오면 잠만 자잖아. 그리고 이 냄새는 여자 향수 냄새 아니야?"

"그럼 내가 다른 여자라도 만났다는 거야?"

"솔직히 그런 생각 하고 있어."

"당신 일주일째 그 소리야? 나를 그렇게 못 믿어?"

"맨날 피곤하다고 나랑 말 한마디 안했잖아!"

"당신 말대로 그냥 회사 방향제를 바꿨을 뿐이야."

"그걸 어떻게 믿어?"

"거봐! 말해줘도 안 믿을 걸 왜 말하래? 당신은 항상 이런 식이잖아!"

"당신이 믿을만한 행동을 안 하잖아!"

"시끄러워! 당신이랑 말하면 피곤하기만 하지. 지금 회사 상황이 말이 아니라 신경 쓸게 한두 개가 아니라고!"

"나도 마찬가지야. 모레가 마감인데 아직 열 줄도 채 못 썼어. 당신 일이 그렇게 중요해?"

"니가 여기서 이렇게 먹고 떵떵거리며 사는 게 누구 덕인지 몰라?"

"지금 생색내는 거야? 그럼 집안일은? 아침밥은? 옷은 누가 다려주는데?"

"너야말로 겨우 그 딴것 가지고 생색내지마!"

"겨우 그딴 거?"

"하……. 내일 얘기하자. 나 피곤해. 제발 나 좀 내버려둬."

"말 돌리지마!"

그이는 내말을 무시한 채 옷을 벗고는 욕실로 들어갔다. 나는 욕실 문 너머를 뚫을 듯이 쳐다보다가 방으로 들어가서 문을 닫고는 누워버렸다. 이불에는 분홍빛 냄새가 심하게 배어있었다. 나는 분홍빛 냄새 덩어리를 바닥에 패대기치고 다른 이불을 꺼내어 잠을 청했다.

아침에 일어났을 때 집안에 있었던 건 나 혼자 뿐이었다. 그이의 핸드폰은 꺼져있었다. 혹시나 해서 한 시간쯤 계속 전화를 걸었다. 점점 지쳐갔다. 이게 무슨 마른하늘에 날벼락인가 싶었다. 부부가 된 이후로 처음으로 크게 싸웠다. 연애할 때도 내가 화를 내면 냈지 그이가 화를 내는 것은 본 적이 없었다. 당황스러웠다. 어떻게 해야 할까. 머리가 백지장처럼, 글을 쓰다가 막혔을 때처럼 변해갔다. 아무 생각도 나지 않았다. 그저 혼란스러웠다. 무엇을 해야 할까. 그이를 찾아 나설까. 집에 가만히 있을까. 집 문을 잠가서 내가 정말 화났다는 것을 보여줄까. 나도 집을 나가버릴까. 친정에 전화한 뒤 친정으로 갈까. 전화기를 잡고는. 마감이 모레인데 글은 어쩌지. 일단 출판사에 전화부터 할까. 어쩌지. 그이에게 한 번 더 전화를 해볼까. 어쩌지. 어쩌지. 어쩌지. 그러다가 문득 뇌리를 무언가가 스쳐갔다. 이불이었다. 분홍빛 냄새의 근원지. 싸움을 하게 만든. 신경을 날카롭게 만든 악취. 악취의 근원지. 그래. 이불은 악취 덩어리였다. 어느새 악취 덩어리의 냄새는 집안 전체를 뒤덮고 있었다. 어쩌면 그이는 이 악취 때문에 집을 나간 걸지도 몰랐다.

나는 당장 침실로 향했다. 커다란 악취 덩어리를 들어올렸다. 더 이상 분홍빛은 찾아 볼 수가 없었다. 분홍빛은 진한 녹갈색으로 변질되어 있었다. 나는 당장 욕실로 갔다. 욕조에 물을 가득 받고 세제를 풀었다. 악취 덩어리를 메다꽂았다. 그리고 밟기 시삭했다. 악취 덩어리는 마치 괴물의 형상처럼 보이기 시작했다. 나는 괴물을 미친 듯이 밟기 시작했다. 밟으면 괴물의 피들이 내 다리에 묻고, 때로는 허리 위까지 튀어 올라 티셔츠를 적셨다. 그래도 나는 무섭지 않았다. 냄새가 무서울 뿐이었다. 악취가 아직도 남아있었다. 밟았다. 밟고 또 밟았다. 나는 계속해시 괴물을 처참히 죽여 갔다. 그렇게 얼마가 지났을까. 다리의 힘이 풀린 나는 욕조의 가장자리에 걸터앉았다. 더 이상 괴물은 남아있지 않았다. 그냥 물을 잔뜩 머금은 솜이불이 있을 뿐이었다.

비쩍 마른 나에게 물먹은 솜이불은 엄청나게 무거웠다. 평소에는 그이와 같이 이불을 밟고 같이 들어서 세탁기에 넣고 건조를 시켰다. 건조가 다 되면 그이는 베란다에 이불을 널었었다. 그런데 그랬던 그이는 지금 내 곁에 없었다. 어디에 있는지 알 수조차 없었다. 나는 간신히 이불을 세탁기에 넣는데 성공했다. 건조 버튼을 눌렀다. 세탁기의 한 부분에 5라는 글자가 떠올랐다. 나는 건조가 완료될 때까지 커피를 마시며 휴식하기로 했다.

나는 욕실을 벗어나서 커피를 마시려고 거실로 향했다. 커피포트에 물을 붓고 버튼을 눌렀다. 디리리링……. 화상에 주의하라는 알림 음이 울렸다. 그리고 곧 수증기가 올라왔다. 아니, 분홍빛 향이 올라왔다. 커피포트에서 끓인 물에서 분홍빛 냄새가, 진녹색 악취가 올라왔다. 머릿속이 다시금 하얗게 물들어가기 시작했다. 나는 커피포트를 쳐서 탁자에서 떨어트렸다. 커피포트에서 뜨거운 물이 쏟아져 나왔다. 커피포트 선에 걸려서 옆에 있었던 커피 잔도 같이 떨어져 깨져버렸다. 뒷걸음치던 발에 커피 잔에서 깨어져 나온 유리가 박혔다. 피가 흘러내렸다. 새빨간 피를 보자 정신이 돌아오는 것 같았다. 악취도, 분홍빛 냄새도, 향도 그 어떠한 것도 나지 않았다. 난장판인 거실 바닥만이 눈앞에 놓여있었다. 발바닥이 아파왔다. 고개를 돌리고 손으로 발바닥에 박힌 유리조각을 순식간에 뽑아서 던져버렸다. 움푹 패인 발바닥에서 나오는 새빨간 피는 금세 발바닥을 빨갛게 물들이고 거실 바닥을 노리고 있었다. 그 순간 건조가 다 되었다는 알림음이 울려왔다. 나는 거실은 그대로 둔 채 피가 흐르는 다리를 끌고는 욕실로 향했다. 그리고 세탁기에서 솜이불을 다시 꺼냈다. 솜이불은 한 번 탈수를 했어도 역시 나에게는 버거웠다. 나는 겨우겨우 욕실을 나와 베란다로 향했다. 거실에서 욕실로 들어온 경로에는 피가 군데군데 묻어있었다. 지금도 역시 거실에 피를 묻히고 있겠지만 중요한건 솜이불이다. 발은 나중에 치료하면 되고 거실은 청소하면 된다. 하지만 솜이불에서는 언제 다시 악취가 날지 모른다는 생각이 들었다. 그래서 나는 솜이불을 들고는 베란다로 향했다.

우리 집은 14층이었다. 베란다 문을 열자 그동안 문에 막혀있던 바람들이 서로 틈을 비집고는 강하게 들어왔다. 무서웠다. 혹시 이 바람을 타고 분홍빛 향이, 냄새가, 악취가 집안에 다시 들어오는 것은 아닐까. 다시 문을 닫았다. 그리고 생각했다. 그러면 이 이불은 어떡하지. 이 이불이 만약 제대로 마르지 않는다면 또다시 분홍빛 향이, 냄새가, 악취가 나지 않을까. 그래. 재빨리 널어놓고 와서 문을 닫으면 괜찮을 거야. 그리고 나는 베란다 문을 열었다.

베란다로 나가니 동네가 한눈에 들어왔다. 부부처럼 보이는 사람들이 마트에서 나란히 나왔다. 남자가 여자의 짐을 마저 들어주었다. 행복한 웃음소리가 여기까지도 들리는 듯했다. 옆에 나란히 잔뜩 서있는 아파트들도 보였다. 어느 층 베란다에는 부부가 사이좋게 빨래를 널고 있었다. 나도 일주일 전까지만 해도 저렇게 사이좋게 나의 그이와 빨래를 널고 마트에 다녀왔다. 바로 이 베란다에서. 바로 이 동네에서. 그런데 그런 나의 그이는 지금 없었다. 내 옆에 항상 있어야할 나의 그이가. 전화기를 항상 켜놓고 내 신호음이 두

세번 갈 동안에 항상 전화를 받아주던 나의 그이가. 없었다. 어디에 있는지도 몰랐다. 금방 널고 들어가려고 했던 마음과는 다르게 갑자기 무언가가 솟구쳤다. 눈을 타고 흘러내렸다. 뺨을 타고 흘러내리고, 이불에 닿았다. 그러자 이불에서 다시 분홍빛 향이, 냄새가, 악취가 올라왔다. 그 악취는 내 몸을 물들이는 것 같았다. 영원히 지워지지 않을 것 같은 냄새가 내 몸으로 퍼져 올라오는 것 같았다.

"개 같은 년아! 내 남편이라고. 니가 뭔데 내 껄 가져가려고 해! 그이는 내 거란 말이야. 다른 누구한테도 못줘. 안 돼. 내 거야! 당장 꺼져버려. 죽어서 사라져버려!"

나는 욕지거리를 내뱉으며 눈물에 젖어 납덩이보다 무거워진 악취덩어리를 베란다에 걸치려했다. 무거워서 잘 걸쳐지지 않았다. 악취덩어리에 달려 나도 덩달아 베란다에 매달렸다. 베란다 바닥에는 어느새 발바닥에서 나온 피가 흥건했다. 바닥이 미끄러웠다. 팔과 다리에는 이미 힘이 들어가지 않았다. 나는 악취 덩어리를 베란다에 널지 못하고 그대로 아래로 던져버렸다. 던져졌다.

"6개월 만에 오셨네요. 반갑습니다. 오늘은 무슨 일로? …… 부인의 증상이 좀 더 심해졌다고요? 그럴 리가 없는데. 혹시 최근에 바쁘시거나 피곤하셔서 대화를 자주 못 하셨다거나? 아아……. 그렇다면 일시적인 겁니다. 괜찮아요. 저번에 드린 약은 잘 복용하고 계시죠? 예? 저번에 제가 날마다 꼭 복용 확인 당부 말씀을 드렸는데……. 예? 그 상황에서 상처 주는 말을 하셨다고요? 큰일인데요.

혹시 혼자 계시나요? 상황 판단력이 많이 떨어졌을 겁니다. 마치 갖고 싶은 장난감을 가게에서 계산도 하지 않은 채 장난감을 집고 나오는 어린아이처럼요. 환각을 볼지도 몰라요. 예예. 그럼 늦지 않도록 집에 어서 가보세요."

"아! 잠깐만요. 평범한 사람에게도 일주일이라는 기간 동안의 무관심은 상당히 긴 고문의 시간입니다. 특히 부인께서는 이쪽에 병이 드셨으니……. 돌아가시면 꼬옥 안아주세요. 그리고 말해주세요. 사랑한다고. 내가 너무 무관심했다고. 앞으로 잘하겠다고. 평소에 잘하는 것이 제일 중요하답니다. 아아. 맞아요. 그 세 글자가 뭐라고 참 어렵긴 하죠. 그래도 오늘만큼은 꼭 한 번 해보시는 게 어떨까요? 더 늦기 전에요. 예예. 그럼 들어가세요."

예전에 그 병이 신문 1면을 장식할 때에는 아무런 감흥 없이 지나쳤지만 최근에 들어서 아내와 같은 병으로 병원을 찾는 사람이 많아졌다는 것이 느껴졌다. 이른 아침부터 달려간 병원이었음에도 예약을 하지 않은 나는 무려 두 시간을 병원에서 죽치고 기다렸던 것이다.

그 병원에서는 아내와 같은 병명으로 오는 환자들은 모두 아내의 주치의가 담당했다. 그럴 수밖에 없었다. 병원에 그 병을 치료할 줄 아는 사람은 그 의사밖에 없었다. 아무도 예상하지 못한, 마치 중세 유럽의 흑사병 같은 것이었으니까. 한 나라의 가장 큰 시내의 대학병원이 이 수준이니 다른 병원은 뻔했다. 그 병은 어느 순간에, 아니 세상의 도시화, 산업화에 발맞춰 같이 성장을, 발병을 이룬 것이다. 그리고 어느새 도시에 즐비한 고층빌딩처럼 세상에 만연해있던 것이었다.

내가 아내에게 일주일간 관심을 주지 못한 것은 회사 일 때문이었다. 실수로 결재를 잘못 처리하는 바람에 회사에 큰 손해가 갈 뻔하여 뒤처리에 바빴던 것이었다. 물론 당장 회사에서 잘린다고 하여도 평생 먹고 남을 정도만큼의 돈은 이미 모아두었다. 하지만 두려웠다. 하루 아침에 모든 직위와 명예를 잃고 실직자가 된다는 것이. 두려웠다. 사람들이 어떤 시선으로 나를 볼지. 하지만 오늘 새벽 나는 모든 것을 매듭지었다. 아침에 회사에 가서 새벽에 작성한 사직서를 낸 것이다. 항상 아내와 말해왔던 농촌생활을 위해서. 사람이 적당히 사는 농촌으로 내려가 집을 짓고, 농사를 지으며 둘이 행복하게 살기위해서. 둘이 좀 더 함께 있기 위해서.

병원에서 나온 나는 아내의 주치의의 말을 떠올리며 가방에 박혀있던 핸드폰을 찾아 꺼내들었다.

"이런……. 꺼져 있었군."

실수로 핸드폰의 배터리를 교체할 때 전원을 켜지 않았던 것을 기억해냈다. 디리리링…… 핸드폰이 켜지는 소리가 났다. 몇 초 되지 않는 짧은 순간이지만 너무 오랜 시간이 걸리는 것처럼 느껴졌다. 나는 나이에 맞지 않게 다리를 떨었다. 드디어 화면이 켜지고 통화권 표시가 떴다.

"어디……."

나는 서둘러 단축번호 1번을 눌렀다. 아내를 깜짝 놀라게 해줄

셈이었다. 시골로 가서 둘만 같이 살자고. 돈 같은 것에 얽매이지 말자고.

화면에 '내사랑♥' 이라는 문구가 떴다. 그리고 곧 소리가 들려왔다. 더 이상 기다릴 수 없이.

"지금 거신 번호는 없는 번호입니다—."

작품평

꿈은 굴하지 않는 자에게 실현됩니다.

임현우 군! 누구나 세상에 태어나면 푸른 창공을 바라보면서 하얀 대지 위에 뒹굴며 과거와 현재를 발판삼아 미래를 설계하지요. 새벽을 열며 등교하다보면 이것저것을 잊고 허둥대기 일쑤인 것처럼, 그대의 자화상에서 면도를 하다가 발견한 아버지 또한 하루를 보내는 것이 일 년을 보내는 것처럼 힘들고 지루하고 짜증나는 나날들이었을 것입니다. 그러나 아버지는 그러한 나날들을 극복하시며 자녀들을 키워주셨습니다. 따라서 지난날 아버지의 그 무거웠던 입을 '자화상'을 통해 자신을 발견한 현우 군은 분명 더욱 힘차고 알차게 삶을 설계하리라 믿습니다.
어린 시절에 푸른 하늘을 바라보며 풍선을 한껏 불어 남에게 보여주려던 꿈, 그 꿈은 비록 '펑'하고 터져버렸지만, 요즈음 익은 벼처럼 땅을 바라보는 겸손을 배우며 힘차게 걷는 자신을 발견한 현우 군이 얼마나 대견한지 모르겠습니다. 현우 군의 앞길에 어린 시절의 꿈이 활짝 펼쳐질 날이 오리라 믿어 의심치 않습니다.
부부의 애증을 그린 소설 '이불', 미혼자 청소년의 작품으로 보기엔 깜찍할 정도로 구성이 좋았습니다. 부단히 정진하길 바랍니다. 소설가로서의 재질을 충분히 발휘할 수 있으리라 믿습니다.

신치원

시

•

나를 위로해 줘
숲
황진이
모습
울다
나 혼자만의 시
수채화
밥
매일매일 축제야
죄
너의 선물에도
방황
새

작가의 말

나는 말을 잘 못한다. 정작 중요한 때에는 말문이 탁 막혀버리고, 언제나 해야 할 말을 놓치기 일쑤다. 언제나 후회하고 아쉬워 아린 가슴을 누르고는 했다. 너무 아쉬워, 아쉬워서 내가 하고 싶던, 내가 해야만 했던 말들을 글로 적기 시작했다. 나의 말들을 부수고 조각내고 다시 뭉쳐 시를 만들었다.

나에게 시를 쓴다는 것은 다른 이들과는 다른 길을 걷게 되는 것이라고 생각했다. 시를 쓴다는 것은 그런 것이라고 생각했다. 남들과 다른 말을 한다는 것. 생각보다 어려운 일이었다. 나는 자꾸 다른 사람의 말을 옮기었고, 그 때마다 나는 슬퍼졌다. 나는 말을 옮기는 이들을 증오하게 되었다. 나는 많은 이들을 미워하게 되었다. 나는 스스로를 미워하고는 했다.

나는 이제 곧 스무 살이다. 여느 소설의 주인공처럼, '상실의 시대'에 나오는 와타나베처럼 나에게 잃어버릴 것들이 많다면 좋겠지만 나에게는, 우리에게는 잃어버릴 것이 별로 없다고 생각한다. 잃어버릴 것을 가지지 못한 것은 아마 달라지지 못하였기 때문이리라. 나는 자꾸만 스스로를 부끄러워하고 다른 이들을 부러워했다. 스무 살이 된다면, 아마 나에게는 큰 변화가 없겠지만, 적어도 나의 시를 부끄러워하지 않을 수 있는 사람이 되고 싶다.

책이 나온다. 앞선 다짐에도 나는 여전히 부끄러워하고 부러워한다. 가슴이 무척이나 설레고 한 편으로는 여러 가지 두려운 것들이 있다. 글을 쓰던 한 해 동안 많은 사람들을 미워하고 사랑하게 되었다. 최관하 선생님에겐 진심으로 감사를 표하고 싶다.

나를 위로해 줘

네겐 아무 일도 없을 거라고,
내게 말하는 네가 밉다.

네가 검은 바다 속으로 흘러간다면
검은 물들 몸속 가득해 진다면,
너는 바다를 모른다고 말하는 네가 밉다.

너를 위로해 주고 싶어.
제 멋대로 남의 아픔을 위로하는 너는
평범함에 감사해야 한다 말하는 너는,

이따금 길을 걸으며
신호등을 기다리며
돌아가는 전자레인지를 바라보며 나는,

나의 평범함을 위로받고 싶었다. 단지

나는 내가 참 밉다.

숲

숲은 나를 불렀고
나를 부른 숲은 붉었다.
떨어지는 그리고 타오르는 붉음들
당신은 역시 아무 말도 하지 않는
그런, 가을

흐르던 계절은 나를 떠났다.

네가 떠난 푸른 세상은
내게 요구하고
나를 말하게 하고
나를 움직이게 하는,

지금은 당신이 그리워지는
그런, 푸른 하늘.

황진이

시간은 차디찬 철 조각처럼
금세 뜨거워지고 다시 차가워질, 그런

시간을 나눈다고? 당신은 시간의 허리를 베고,
시간을 가두고, 시간을 펼쳐본다 하였으나

나는 불을 가지지 못한 자
이 밤,
찬 시간이 내린 세상에시 나는
그 어떠한 기억도 베어낼 수가 없다.

가슴에 불을 품은 당신
가슴에 불을 품지 못한 나

시간이 나를 가두려 한다면
차라리 나는 구뷔구뷔 손톱을.

모습

떠나지 않는 사람은 없다
너를 기다리는 사람 또한 없을 거라

그러나 시간은 벚꽃 날린 자리
어둠 내린, 깊은 교정의 밤 같은 것

긴긴 밤 시간은 좀처럼 떠나지 않는다
긴긴 밤 새벽을 지새우는 네 모습은 마치

너는 참 매미 같다.

울다

새파란 날 울었다. 젊은데 울었다.
울면서, 어떤 이름도 부를 수가 없었다.

언젠가 조랑이는 그랬다.
너무 행복해서 고마워서 운다고.

하지만 나에겐
내 울음에는 방향이 없다.
오직 나 혼자만을 위한 울음

울고 나면 외로워진다.
외롭지만 운다.

외롭지 않을 때 까지만 울고 싶다.

나 혼자만의 시

당신이 말하는 꽃도 꽃이겠지만,
그 누구도 모르는 내 꽃도 꽃이다.

반석 위에 서있는 당신의 꽃도 꽃이겠지만,
괴인 턱 아래로 피어 있는 나의 꽃도 꽃이다.

아무도 모르게 지고피는 꽃들을
사랑하고 싶다.

수채화

떨어진 한 방울 번져간다

투명한 하늘도
가로등 붉은 불빛도
시큼한 비 냄새
젖은 모래, 사람들도 모두

모두 녹아내린다
모두 하나가 되어 뚝뚝뚝
흘러내리고 싶다

밥

혼자 밥을 먹는 시간
알갱이 속 흔적들은 이따금 내게 말을 건다.

말
말들은 언제나 입속을 떠나지 않았다.
서로 충돌하는 말들, 두 볼 자꾸만 부풀어 가는데,

입 속에서 으깨지는 흔적들은
내가 나에게 주는 선물처럼
나의 것이 될 수 없다.

시간의 배는 자꾸만 불러간다.

매일 매일 축제야

여름이 떠나는 소리
푸른 하늘 구름이 걸어간다
푸른 잎들은 언제나
바람은 언제나 나의 등 뒤를 스쳐갔다
나부끼는 깃발에 출렁이는 마음에
모두 떠나간다 그렇게

창밖에는 그림자 하나
홀로 구석에 숨어 엉엉 울고 있다
떠나지도 못하고.

죄

밤길을 걸었고
바람을 꿈꾸었고
지는 꽃들을 사랑하며
커트코베인 처럼처럼 했지만
내 몸은 앓지 못해 아프다.

너의 선물에도

나에겐 상자가 하나 있다.
슬픔을 담는 상자와 나를 삼켜버릴 상자
두 손을 뻗어 세상의 슬픔들을 모아모아
상자 속에 담고 그리 담았다.

분명, 슬픔은 전염되는 것이라고
슬픈 것은 아픈 것이라고
아픔을 가지지 못한 네게도 찾아온다고, 하지만
빌려온 아픔으로 눈물을 흘릴 수는 없었다.

방황

나는, 나를 모르지만
밤이 오고, 그림자가 되어, 담 아래를 거니노라면,
이따금 달이 멀리에 서 내게 말을 건다.
어디로 가냐고
어디로 가냐고?

겹겹의 창 너머로 당신을 본다.
내가 쏜 불빛들은 창을 넘지 못하고
창 사이 여기저기 쏘다니고 있다.

나는 걸음이 빨라
멀리도 높이도 갈 수 있는데,
자꾸만 돌아온다. 담을 떠나지도 못하고
길에서 운다.

새

서릿발 사이로 꽃이 피어있다
사람들 사이에는 흰 까마귀가 숨어있다

아무도 찾지 않는 가게가 있어
그 가게는 아픔을 파는 가게

손을 뻗어도 가질 수 없는 것들이 있다
나는 자꾸만 가게를 찾아 돌아간다

나는 꽃이 아니야, 돌아간다
흰 새는 여전히 내 것이 아닌 것.

작품평

뛰어난 시적 재능에 박수를 보냅니다.

신치원 군! 10여 편의 작품 잘 감상했습니다. 그리고 신 군의 시적 재능에 많은 감동을 받았습니다.

신치원 군! 자신이 '말을 잘 못한다'고 했는데, 무척 내성적인 것 같습니다. 걱정할 것 전혀 없습니다. 입으로 하는 말만 말이 아니라, 글말(문장)이 있기 때문입니다. 세 치의 혀끝이 화복(禍福)을 좌우하듯, 글 또한 세상을 움직일 수 있습니다. 10여 편의 작품 전체에 흐르는 정신적 갈등과 고뇌를 시로 승화시킨 치원 군의 작품들이 그것을 증명하고 있습니다.

자신의 평범함을 위로받고 싶어 밤길을 걸으며 바람을 꿈꾸고, 지는 꽃들을 사랑하며 커트코베인처럼 했지만, 그리고 비록 세상의 슬픔을 모아 상자 속에 담기도 하고, 달과 대화를 하며 손을 뻗어도 가질 수 없는 것들이 있어 방황 끝에 결국 담을 넘지 못하고 길에서 울 수밖에 없는 자신을 끝내 앓지 못해 아파하는 시적 자아의 정서가 읽는 이로 하여금 안타까움을 자아내게 합니다.

신치원 군! 계속 정진하길 바랍니다.

이준석

시

제 1전성기~ 비난의 폭풍 속으로~
잃어버린 것
아픈 기억
만파식적
꿈
가면
이별
잊어버린 것
너에게 전하는 마음
술
나는 살아 있나
나는 옥상에 서 있다
포기와 자각
워너비가 작가에게

수필

수능 D-100

작가의 말

안녕하세요. 워너비 이 준 석 입니다. 아마 처음으로 세상과 소통하던 때가 중학생 때였을 텐데, 벌써 시간이 지나 고교생이 되어 두 번째로 소통하게 됩니다. 아직은 부족한 실력이지만, 독자 여러분께서 읽고 응원해주신다면 제 작품에 대해 자신감을 얻을 수 있을 것 같습니다.

예전에 시작은 그다지 좋지 않았지만, 나중에 가서는 제 실력이 쌓여있는 것을 보았습니다. 그때처럼 이번에도 나중에 갈수록 제 집필 능력도 쌓여있겠지요?

제게 이런 기회를 주신 하나님, 고 3인데도 이런 창작활동을 할 수 있게 해주신 가족, 제 작품을 보시고 괜찮다고 해주신 영훈고교 선생님들, 작품을 쓸 때 항상 아이디어나 쾌적한 정신상태를 유지시켜준 친구들, 그리고 제 작품을 읽어주신 독자 여러분께 진심으로 감사드립니다.

- 친구들에게 하는 말 -

∧ I ∨ ∧ ∪ ⊂ 3 ≡ 3 ∪ ∧ ∪ ⊂ ⊃ ≡
− _ ∨ − I ⊃ I I I I ∧ I ⊃ I I I

3 ≡ ⊂ ∧ I ⊂ ∨ ≡ ∧ ⊇ ≡ 3 ≡ ⊂ ⌒ = ⊇ ≡ ∨ ⊃
I I − J ⊃ ∨ I − I I I I ⊃ I I I I I I I

제 1전성기~ 비난의 폭풍 속에서~

일진의 폭력 아래서
양아치들의 독재 아래서
이를 갈며 희생되던 자

그토록 미워했던 학급이기에
그토록 증오했던 학교이기에
먼 미래를 내다보았다.

그러나 어느 순간에
새로운 세계를 열었다.
비난의 폭풍 속에서

영상작가, 15살의
방황하던 고든이린 사내가
신항로를 개척했다.

새로운 세상, 작가로의 길
재능이 없을지도
내가 부족하더라도
노력으로 열정으로
신념으로 이루어가는 꿈

시작의 비난, 노력의 성공
명예로운 사직
2009년 12월 28일
제 1전성기가 끝이 난 날
비난의 폭풍 속에서
나를 찾아내다.

잃어버린 것

너무나 아름다워서
내 눈에 아롱지는 저녁 노을
눈물로 흐려져 깨져버린 액자
산산조각난 액자 위로 떨어지는 물방울
웃고 있는 사진
그 위로 떠오르는 조각난 우는 얼굴

오던 길을
되돌아가는 소녀
모두 제 자리를 찾아
잃은 것은 없지만

집에서도
올라갔던 동산에서도
찾을 수 없던 것

찾으려고 할수록

점점 멀어져가는 듯한

주저앉는 자리

살결을 간지럽히는

풀밭의 포근함

잔잔히 미소짓는 소녀

어머니를 찾은 소녀

맺힌 이슬에 빛나는

소녀의 얼굴

아픈 기억

기억 속에 묻어버린
모든 이들에게 잊혀진
아픔

꺼내기 두려워서
놀림감이 될까봐서
나 자신이 너무나 초라해서
잊으려고 노력한 기억

추억이 잊혀질 때
아픔도 잊혀진다면
기꺼이 추억을 희생하며
눈물을 흘리네

그러나 이제는 잊지 않으련다

아픔은 추억을 이끌고

추억은 다른 기억을 이끌고

기억은 다시 어떤 것을 이끌고

모든 기억은 연결되어서

이제는 모든 기억을 마음에 담아두련다.

만파식적

먹구름 낀 검은 하늘
아무것도 할 수 없는
손을 내리고 바라본 거울
그 안에 비쳐진 과거

폭풍우가 부는 밤
두려워 벌벌 떠는 작은 고양이
그에게 들리는 아름다운 선율
폭풍이 멈춘
별 내리는 하늘의 소리

잠깐 잊었던 하지만
다시 귀에 울리는 노랫소리
편안해진 세상
물러가는 검은 하늘
다가오는 평온의 시간

그리고 휘날려 흩어지는 내 피리소리.

꿈

그래, 네 꿈이 뭐니

담임선생님의 목소리
대답하는 고3

네, 공무원입니다

상담이 끝나
늘 오는
빛이 들지 않는 야자실
홀로 빈 박카스 병을 친구삼아

난 어릴적에 무슨 꿈이 있었나

하고싶은 일이 많은 중3
영상작가
세상과 소통하기위한 꿈

아니야, 더 어렸을 때는 어떤 꿈이

저의 꿈은 대통령입니다
너무나도 순수했던
그래서 철이 없던 나의 꿈

누구에게나 있었던
하지만
추억 속에 스며들어 사라진 꿈
나이를 먹으며 포기해야하는 꿈

서서히 잊게되어 슬퍼하는 꿈이
이곳에 잠들다.

가면

제게도 가면이 있어요

거짓된 행동
거짓된 말투
거짓된 모습

거짓된 가면을
쓰고있어
표정을 가렸지요

친구를 속이고
부모를 속이고
자신도 속이는
가식의 가면은

더이상은 필요없어요

진실된 표정으로

내 자신을 가꾸는 가면

진실의 가면

당신의 가면도

거짓을 드러내기엔 아까워요.

이별

멀어집니다
계속 멀어집니다
진달래가 떨어지며

두 조각난 반지의 울음
그 울음이 듣기 싫어
주머니에 가둬버립니다

걸어갑니다
혼자 걸어갑니다
어두운 길을 외롭게

서로에게 거짓된
서로에게 상처를 주었던
오늘, 맑은 하늘에
비가 내립니다

이 길을 걸어가면

끝 없이 걸어가면

39960km의 거리를 걸어가면

다시

그대를 만날 수 있겠지요

서로 이해하지 못했던

스스로도 알지 못했던

그래서 더욱 간절한

서로의 이해

잊어버린 것

실소한다
내 자신에 실소한다

내가 누구였는지
뭐하는 사람이었는지
하고 있는 게 뭔지조차
잊어버렸다

잊어버린 것은
필요없는 것
기억도 추억도
모두 필요없어
잊어버린 나

내가 무엇을 위해
무엇을 향하여
달려온 것인가

모두 부질없어
내 자신에게 거짓말하며
억지로 발걸음을 옮긴다

모두 쓸데없는 거짓
믿어야할 존재를 부정해버리는 나는
내 자신에 실소한다.

너에게 전하는 마음

어제보다 푸른 하늘
푸른 하늘을 바라볼 때마다
마음 속에 계속 떠오르는 너
네가 생각나

무채색의 캔버스 속
혼자 걷는 여자아이
뒤에서 부르는 너의 목소리에
아름다운 칠해진 캔버스
「안녕. 오늘 잘 잤니?」

행여나 지각할까
뒤로 질끈 묶은 머리
널 만날 줄 모르고
얄게한 화장

하지만 들려오는 목소리가 날 기쁘게 해
「오늘 참 예쁘다.」

수업 중에 살짝 졸아
필기를 하지 못한 내게
아무 말 없이 조용히
필기를 보여주는 너
작은 종이쪽지에 써서 전하는 말
『고마워.』

숨결이 닿는 거리
함께 집으로 돌아가는 길
서로의 얼굴을 마주하며
웃으며 대화하는 우리

저녁 노을을 바라보며
속마음을 꺼내는 나
혹시 너는 이미 알고 있으려나?
쪽지로 전하지 못한 내 마음을

술

무엇을 위함인지
무엇을 바란건지
저는 몰라요

오늘도 힘겨운 하루를 마친
피로를 풀기위해 함께 모여
스스로를 다독이며
위하여-!
들이킵니다

한 잔… 두 잔…
늘어가는 새 벗들과
하나… 둘…
잊혀지는 세世 벗들
또 다시
벗들을 잊기 위해서
다시

위하여-!

위하여-!

무엇을 위한건지
무엇을 잊으려는 건지
무엇을 바란건지

네, 이제는 알 것 같아요.

나는 살아 있다

나는 살아있다.
모든 것들이 숨을 쉬고 있지만
모두가 살아있는 시체일 뿐이다.

모든 죽어 있는 것들이 쌓인 장소
시체들 가운데서 펜을 잡고
살아있음을 증명한다.

모든 생명이 사라진 시時
한 편의 시詩를 써보려 나는
이렇게 두 발로 멀쩡히 서있는 거다.

나는 살아있다.
더 이상 글이 써지지 않지만
다시 한 번 펜을 잡는다.

나는 옥상에 서있다

하늘을 바라본다
넓고 광활한 하늘
눈물이 나올 정도로 파란 하늘

나는 옥상에 서 있다

땅을 내려 본다.
하늘만큼은 아니지만 넓은 땅
하지만 아스팔트로 덮여 있다

나는 옥싱에 서 있다

내 손에 쥐어진 하이얀 봉투를 본다
볼 때마다 정신이 아뜩해진다
어째서인지 눈물까지 나오려고 한다.

나는 옥상에 서있다

언제든지 하늘로 돌아갈 준비를 해왔다
그러나 그 옥상에 서있는 소년은
나를 놓지 않는다.

나는 옥상에서 내려왔다

힘이 드는 하루살이 인생이지만
비와 바람의 순간이 모인 시간들이지만
매일의 소중함
살아있는 시간의 귀중함을
알고 계속 살아나간다

그래 나는 옥상에 서있던 사람이다.

포기와 자각

무언가를 할 때마다
부딪히는 벽
한계
누구도 넘을 수 없다—고 외치는 무리
포기하면 쉽다—고 속삭이는 집단
자신조차 찾지 않는 사람들
아니, 찾기를 꺼리는 사람들
자신을 포기한 패배자

언제부터였을까나
내가 날 찾기를 그만둔,
아니 포기한 때는
앞으로 나아가길 꺼려하며
현상유지의 노력
그 이하로는 추락
그 이상에는 한계.

그런데 참 우스운 짓
두려운 주제에
겁먹은 주제에
고민하면서 한계에 도전해.
'어차피' 뛰어넘을 수 없는 벽일까
'어쩌면' 뛰어넘을 수 있는 벽일까
넘을 수 없는 벽이라면 부술 수는 없을까

스스로를 포기하는 것을 포기한 그날
한계를 이겨낸 그날
그날, 나를 자각한.

워너비가 작가에게

떨리는 손으로 힘겹게 쥐어보는 펜
검은 잉크로 조금씩 용기내어
내 마음을 적은
볼품없는 걸작
워너비*의

누군가를 위해
노래하는 작가
그러나 잃어버린
작가의 영혼—
잊으며 살았던
12년 2개월

작가가 되고 싶은 워너비
글을 잘 쓰고 싶은 워너비
워너비가 닮고픈 작가의 노래

워너비가 원한
작가의 멜로디

워너비였던 작가
마음을 담은 진실을 쓰고 싶은 작가
작가가 잃어버린 워너비의 마음

작가가 찾고픈
워너비의 마음

이제 그들이 쓰는
그들만이 부를 수 있는
노래

외롭고 어두운 길가에서
빛을 내는 한 소절의
희망을 노래하는 시

다시 한 번

작가에 다가가는 내가

다시 펜을 잡고 쓰는 시

워너비가 작가에게

*워너비(Wannabe) : 열렬한 팬이란 뜻이 있지만, 여기서는 작가 지망생이란 뜻으로 쓰임.

수능 D-100

7월의 마지막 날, 마지막을 장식하듯이 달력이 일깨워준 것이 있다. 수능 100일 남았다. 늘 하던대로 낮동안은 나름대로 스케줄로 공부를 하고, 저녁에는 자기소개서를 위해 고민을 한다. 100일이라고 해서 크게 달라질 것 같지 않은 하루다.

자기소개서의 4번째 문항인 지원동기 및 학업계획이 잘 써지지 않아서 계속 컴퓨터 앞에서 고뇌를 하다가 8시 30분쯤에 오랜 친구, JHW가 왔다.

"야, 오늘 애들이 수능 100일 남았다고 불꽃놀이한대! 너도 빨리 나와!"

언제봐도 소란스러운 친구다. 불꽃놀이라…. 그러고보니 보기만 했지 직접한 적은 없었네. 서둘러 가방을 챙겨 운동장으로 갔다.

나름대로 수능 100일이란 시간이 올 줄은 알았지만, 이런 날까지 챙기는 사람이 있을 줄은 몰랐다. 그렇게 시간이 없다며 눈을 질끈 감고 달려온 내게 100일 징역이 내려진 날이다.

운동장에는 CDS, SHP, LYH, JHW, KYH 등 나를 포함한 20명 정도 되는 남녀가 모였다. 학생들 대부분이 사복을 입어서 학생이란 느낌이 나지 않는다.

이제 며칠 후면 대학생이 되고, 자신들의 삶을 살아가는구나. 아쉽다. 초면인 아이들도, 낯이 익은 아이들도 이제 만날 날이 별로

남지 않았구나. 많은 대화를 했어야 했을지도 모른다. 내가 더 다가가야 했을지도 모른다. 내가 조금 더 관심을 가졌어야 했을지도 모른다.

그러나, 내게 내미는 캔들(폭죽 종류 중 하나, 손에 잡고 불을 내는 것)에 내 생각은 멈추게 되었다. 전 총학생회장 KYH의 말에 따라 우리들은 원으로 모였다. 우리들의 가운데에는 분수폭죽이 있었다. 여름에 딱 한번 피고 진다는 아름다운 꽃. 너무 과하게 화려하진 않지만, 그래도 우리들 마음 속에 보이는 향기를 채우는 꽃. 멋지게 타오르는 꽃이다.

누가 돈을 모았는 지는 모르겠지만, 조촐했다. 그러나 오히려 이런 것들이 학생답다는 생각이 들었다. 폭죽은 조촐했지만 우리들의 마음은 그 무엇보다 화려했을 테니까.

잠깐 잊고있던 손에 쥐어진 캔들. 아이들은 이제 캔들에 불을 붙이려 했다. 생각보다 잘 타지 않는다. 한 5초정도 점화해야 불이 붙었다. 예쁘다. 마치 소녀들의 감성을 자극하는 듯한 캔들. 분수폭죽보다 캔들쪽이 더 훌륭했다. 선명하게 타오르는 꽃의 미소. 그저 웃는다. 우리들을 위해 마지막까지 웃는다. 나는 우리를 위해 미소지은 꽃에 대해 아쉬움이 일었다. 벌써 끝이었다. 주위를 보니 모두 손에서 춤추는 꽃을 보며 황홀한 표정을 지었다.

다른 한쪽을 보니 아직도 불을 붙이려고 애를 쓰고 있다. 불을 붙이는 아이의 손모양을 보니 라이터를 처음 쓰는 것 같다.

"이리 줘봐."

그 아이한테 넘겨받은 라이터로 아이들의 마음에 불을 지폈다. 옆에서 아이들이 한두번 써본 솜씨가 아니라고 하면서 담배를 피우냐고 장난스럽게 말했다. 당연히 미성년자이기 때문에 담배따위는 피우지 않는다. 당연하지않은가.

모든 아이들의 꽃이 시들었다. 캔들을 버리고 KYH가 100일주를 마시자고 했다. …100일 되서 정신이 나갔나?

"미성년자가 무슨 술이야?"

아이들은 오히려 날 이상하게 쳐다보았다.

"미이 서성 녀언 자아~? 네가 할 말이냐?"

확실히 외모가 약간 나이들어보이는 외모이다 보니 이런 농담도 많이 듣지만 별로 신경쓰지 않았다.

여러가지 문제가 있어서 KYH는 아스팔트에서 다시 원형으로 모여서 자신이 미래에 하고 싶은 것을 말하자고 했다.

SHP부터 수능 끝나고 하고싶은 것, 미래의 꿈, 하고 싶은 말 등등 수도 없이 많은 말들이 지나갔다. 내가 아는 아이들이 적었기 때문에, 그저 좋다고 하거나 박수를 치거나 하는 등 리액션을 해주었다. 막상 모든 아이들의 이야기를 듣고 나니 모두 나름대로 미래에 대한 구체적인 계획이 있다. 나는 그냥 평범한 말만 했었다. 미래에 대한 계획이 없었다. 그래서 자기소개서가 잘 써지지 않았던 것이다.

그러나, 이 모임을 갖고 나서 내 마음 속에는 불타오르는 것을 멈춘 꽃이 다시 타오르는 것을 느꼈다. 그렇다. 이 것이 젊음인 것 같다. 너무나도 현실에 밀려살았다. 19살이면서 젊음을 느끼지 못한채, 현실에서 늙은이로 살고있는 젊은이다. 내 앞을 막고있던 막연함은 없어졌다. 분명히 나와 같은 사람이 많겠지. 나와 같은 사람들이 앞으로 나아가려면 분명히 나와 같은 기분을 느껴야 할 것이다. 분명히 내가 느낀 감정은 희망이 아닐까?

우리들의 간소한 기념파티가 끝나고 우리는 아쉬운 마음을 100일 뒤로 미루어둔채, 각자의 꿈을 향해 나아가는 모습을 보였다. 지금까지는 그런 모습을 지켜보기만 해야 했다. 그게 내 100을 기준으로 한 괴기의 모습이다. 하지만 오늘을 계기로 내 미래는 정확하게는 아니지만 꽤나 형식있는 것이 잡혔다. 이 꿈이 내 꿈이라고 당당하게 말할 수 있다.

불은 앞으로 꺼지지 않고 영원히 타오를테니까.

현실이 힘들어도 늘 그랬던 것 처럼 잘 이겨낼 테니까.

남은 시간이 100일이지만 인생으로 시간을 확장하면 그저 점에 불과한 시간일 테니까.

오늘도 아스팔트의 열기가 발을 통과해 몸 속으로 들어온다.

작품평

희망을 주는 워너비가 되길 바랍니다.

거짓의 가면을 벗고 진실을 추구하려는 노력이 대부분의 작품에 담겨 있습니다.

살아 있는 자신을 시체로 단정할 수밖에 없는 현실을 시(詩)를 위해 존재해 보려는 의지가 그렇고, 먹구름 낀 하늘 아래서 아무것도 할 수 없는 고양이 같은 자신을 거울에 비춰보며 평온의 시간을 찾으려는 의지가 그렇습니다.

언제든지 하늘로 돌아갈 준비로 유서를 가지고 옥상에 올라갔으나 눈물이 나올 정도로 맑은 하늘을 바라보며 삶이 비록 힘들지만 살아있음의 소중함을 깨닫거나, 지금까지 살아온 자신의 존재가치를 잃고 실소했으나 이것이 믿어야할 존재를 부정해버린 자신의 소행이었음을 깨달음이 그렇습니다.

또한, 꺼내기 두려워서, 자신이 너무 초라해 질 것 같아 꺼내지 못하는 아픈 기억들을 잊으려는 노력, 아픈 추억이 다른 추억과 기억을 유발함을 깨닫고, 그 추억을 잊을 때 아픔도 함께 잊을 수 있다면 기꺼이 추억을 희생하며 모든 기억을 담아두겠다는 의지와. '이별'이 말하고 있는 외롭고 어두운 길을 걸어가는 이들에게 희망과 빛을 비출 수 있는 워너비가 되려는 의지 때문일 것이다. '수능 D-100'에도 담겨 있듯이. 아니면, 속마음을 나누며 웃음을 나눌 수 있는 예쁜 '너', 깨져버린 액자 속에 너무도 아름답게 미소 짓는 소녀에 대한 그리움 때문일는지도 모를 일이다.

아무튼. 시와 수필 모두 잘 읽었습니다. 꿈이 있는 자에겐 희망이 있습니다. 더욱 열심히 정진하여 훌륭한 작가가 되길 기원해 봅니다.

최관하

시

나 당신을 사랑이라 부르리
참사랑
당신을 위한 기도
연심戀心
사랑은
기다림
꽃집에서
당신을 보고 있노라면
가을편지
악몽
가을빛 사랑
당신을 볼 수 없다면
행복이라오
그대 아픔 속에 내가 있기에
사랑이란
열꽃
창窓
사진 속에서
나 너의 마음
고백

작가의 말

사랑, 그 최고의 이름

지금까지 '사랑'을 주제로 한 시를 약 400여편을 썼고 그 작품을 모두 소장하고 있습니다. 그것이 다 책으로 묶여져 발간된 것은 아닙니다. 지금도 간직되어 있는 사랑이야기 가운데 우리 제자들과 또 독자들과 함께할 수 있는 작품을 세상에 선보입니다.

절절한 사랑의 이야기, 아릿한 그리움의 이야기, 그리고 내 가슴을 풍성하게 만드는 사랑하는 대상과 나를 사랑하는 사람의 이야기는 감동이 있고 공유될 수 있는 것이라 생각했습니다.

이 사랑의 마음이 제 사랑하는 아내와 두 딸 다솜이, 다빈이, 그리고 영훈고의 사랑하는 동료들과 제자들, 모든 독자들에게 이르기를 소망합니다. 세상에 모든 것이 사라질지라도 '사랑'은 남아 있을 것입니다.

'사랑'은 보이지 않는 것 같으나 보이는 것이고, 없는 것 같으나 영원하기 때문입니다. 그 사랑이 이 글을 읽는 모든 분들에게 가득하기를 소망합니다.

나 당신을 사랑이라 부르리

나 당신을 무엇이라 부르리
갈하늘 높게 나는 한 마리 새라 부를까
이름 모르게 피어나는 들꽃이라 부를까
아니면 가끔씩 불어오는
그리움의 바람이라 부를까

나 당신을 무엇이라 부르리
시냇물 작은 물고기라 부를까
낙엽 떨어진 포도鋪道 위의 상념이라 부를까
아니면 가끔씩 다가오는
외로움의 파도라고 부를까

나 당신을 무엇이라 부르리
한 마리 새 피어나는 들꽃
가끔씩 불어오는 바람 작은 물고기
낙엽 떨어진 포도 위의 상념
그리고 외로움의 파도

나 당신을 사랑이라 부르리
아무리 불러도 덜하지 않는
아무리 외쳐도 퇴색하지 않는
첫 정情의 가슴앓이처럼
나 당신을 사랑이라 부르리

나 당신을 사랑한다 말하리
나 당신을 사랑이라 부르리.

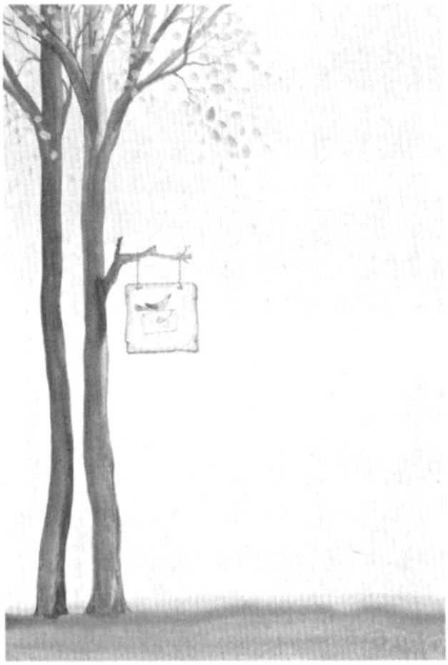

참사랑

좋아한다 말하는 순간부터
한 가지 걱정이 앞섭니다
좋아한다고 말했으니
나는 너를 싫어해 대답할까봐

보고싶다 말하는 순간부터
한 가지 근심이 생깁니다
보고싶다고 말했으니
나는 네가 보고 싶지 않아 대납할까봐

사랑한다 말하는 순간부터
한 가지 고민이 있습니다
사랑한다 고백했으니
나는 너를 사랑하지 않아 대답할까봐

사랑한다는 것은

이 세상에서
오직 당신의 이름만을 부르는 것

이 우주가
당신의 모습만으로 꽉 차 있는 것

내가 숨쉬는 것이
당신의 살아있음만으로 의미가 있는 것

사랑한다 말하는 것은
불행이 아닙니다

사랑은
아픔이 있는 행복입니다.

당신을 위한 기도

나의 기도는 당신을 위한 것입니다
새벽 기도나 길을 걸을 때나
순간순간 드리는 나의 기도는
오로지 당신의 행복을 위한 기도입니다

나의 기도는 당신을 위한 것입니다
비가 올 때나 눈이 내릴 때나
쉬지 않고 드리는 나의 기도는
오로지 당신의 아픔을 위한 기도입니다

나의 기도는 당신을 위한 것입니다
사랑으로 인해서 세상 고난으로 인해
고통 받을 때 드리는 나의 기도는
오로지 당신의 치유를 위한 기도입니다

나의 기도는 끊임없이 되풀이 됩니다
당신이 내 곁에 있어 행복한 순간에도
당신이 내 곁을 떠나 슬픈 순간에도
당신을 위한 나의 기도는 끊길 수 없습니다.

연심 戀心

그리워하는 마음 어이하리
푸른 하늘보다 더 사랑하는 당신
이 마음 어이하리
조각구름 흘러가는 하늘에
당신 얼굴 그려보다
하루 해는 지고
바람 따라 흩날리는 머리칼 젖히며
돌아서는 내 발걸음

그리워하는 마음 어이하리
흰 눈보다 더 순결하게 아끼는 당신
이 마음 어이하리
눈송이 받아 입안에 넣고
당신 얼굴 눈에 그려보다
석양은 어스름빛
잠시 부는 겨울바람에 바바리깃 올리며
돌아서는 내 발걸음.

사랑은

눈에
꺼풀이
    한 겹
씌워져
    아무 것도
보이지
않으나
    오로지
당신만
보이는 것.

기다림

헤어짐 뒤에 남는 것은 구르는 낙엽
당신의 소리 들으려 귀 기울이지만
밤의 적막만이 소리모아 외치네
별들은 당신의 그리움
나에게 전해주려 저리 빛나고
나는 이 밤 잠못 이루고 있네

짧은 입맞춤 후에 긴 여운 새기며
당신의 숨결 느껴보려 가슴을 옥죄지만
깊은 밤 들리는 것은 귀또리 소리뿐
한낮의 광채만한 그리움
나에게 전해주려 저리 구슬퍼
나는 이 밤 잠못 이루고 있네

꽃집에서

새벽 동 터오는 어슴푸레한 길
노란 소국을 보았네
밤새워 달빛 받아 저리 아름다운가
당신의 미소처럼 따스한 입김이
시려운 새벽가슴 녹이고 있네
덜 깬 듯한 꽃집 아줌마 목소리
정겨워 고향 언덕 들꽃인 줄 알고
한 송이 꺾으려다 아차 아니지
한 아름 가슴에 안고 그대 얼굴 그리니
홍조빛 당신 모습 꽃이 되어 버렸네.

당신을 보고 있노라면

당신의 손을 잡고 있노라면
가슴이 뜨거워집니다
한겨울 시린 가슴이
이토록 뜨거워지는 건
아마도 당신의 사랑이
불꽃 되었나 봅니다

당신을 안고 있노라면
마음이 편안해집니다
세상물쌀 속에 허우적대다
이토록 안온해지는 건
아마도 당신의 사랑이
미풍微風이 되었나 봅니다

당신을 보고 있노라면
당신의 눈속에 내가 있음을
내 눈속에 당신이 있음을
이토록 함께이고 싶으니
아마도 당신과 나는
고독한 사람들인가 봅니다.

가을편지

그대의 그리움 담아 쓴 편지
흰색 구름 갈내음 함께 하여
글의 편린片鱗 당신 손에 남고
호수의 눈빛으로 읽혀지니
나 당신에게 오래도록 불릴
노래가 되겠습니다

바라보면 볼수록 그리움 남아
당신 모습 떠올리며 편지를 쓰니
머리엔 온통 보고싶다는 말뿐
노란 국화 같은 아름다운 만남
나 당신에게 오래도록 읊조릴
시가 되겠습니다

만났다 헤어짐이 인간사 순리라
가슴에 담은 정 남겨진 편지

밀려드는 외로움에 읽을 훗날에도

사랑스러운 눈빛 따스한 말씨

언제나 그 자리에 머물러 있는 그리운

이름의 당신으로 남으렵니다.

악몽 惡夢

네가

나 아닌

다른 사람과

사랑을 한다는

꿈은

악몽이야.

가을빛 사랑

하늘빛 여울
스산한 상념
가냘픈 그대
나무의 울음
떨리는 사랑

애절한 노래
어여쁜 편지
가슴속 정열
부르는 이름
애틋한 사람

울고픈 낙엽
그리운 바람
서러운 바다
당신의 눈물
가슴에 안네

가을빛 사랑.

당신을 볼 수 없다면

만일 나에게 당신을 볼 수 없는 날이 온다면
나는 시린 하늘에 흰구름 되겠습니다
당신이 걸어가는 모습을 구름 되어 보겠습니다

만일 나에게 당신을 만날 수 없는 날이 온다면
나는 당신의 몸 떠나지 않는 그림자 되겠습니다
당신이 살아 있는 순간 그림자빛으로 만나겠습니다

만일 나에게 당신의 숨소리를 들을 수 없는 날이 온다면
나는 우주까지 채우는 바람이 되겠습니다
당신의 소리 가슴에 담고 부는 바람이 되겠습니다

만일 나에게 당신을 사랑할 수 없는 날이 온다면
나는 더더욱 그리움 담아 사랑의 편지 보내겠습니다
당신을 사랑할 수밖에 없음은 나의 숨이 아직 멈추지 않은 까닭입니다.

행복이라오

봄하늘 아래 걷는 기분 상쾌하고 기쁜 마음 싱그러워라
하늘아 이내 마음 어루만져 봄노래 부르게 하라 행복이라오

여름바다 파도 치네 물결진 수평선 너머 갈매기 아름다워라
시원한 바람 불어와 마음속 고민 사라지네 행복이라오

가을낙엽 흩어진 오솔길 추억 가득 안겨주네 그리워라
사랑하는 사람아 항시 내 곁에 있어 이름 부르니 행복이라오

겨울눈밭에 당신 이름 새겨 놓으니 그대 눈동자 예뻐라
가슴에 끌어 안고 사랑 노래 불러요 이 밤 다가도록 행복이라오

행복이라오 행복이라오 그대와 함께라면 작은 지붕 아래서도
기쁨이라오 기쁨이라오 그대와 함께라면 가진 것 비록 적어도.

그대 아픔 속에 내가 있기에

그대 아픔 속에 나 있으니
그대 두려워 하지 말아요
그대 그리움 속에 나 있으니
그대 외로워 하지 말아요
그대 기쁨 속에 나 있으니
그대 함께 즐거움의 노래 불러요

세상 모진 바람 나에게 닥쳐도
나는 당신 이름 잊지 않아요
삶의 고난 나에게 함께 해도
나는 당신 눈빛 잊지 않아요
삶이 주는 외로운 빛깔 다가올 때도
나는 당신 손길 잊을 수 없어요

나는 당신 사랑 잊을 수가 없어요.

사랑이란

퍼주고

퍼주어도

줄지 않는

샘물

같은 것.

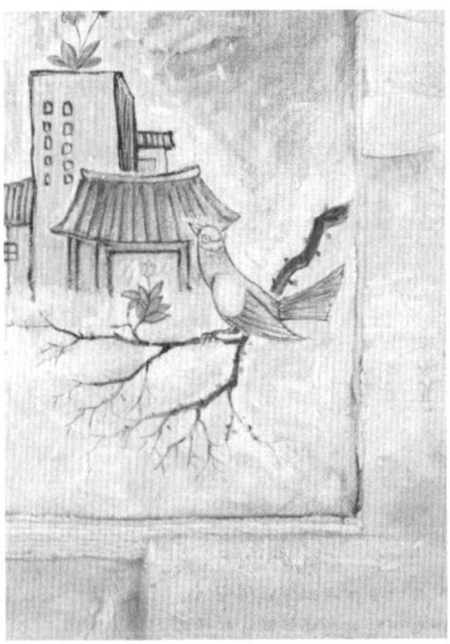

열꽃

당신을 사랑하는 마음으로 모자라
등에서부터 시작한 붉은 열꽃 피었나요
당신에 대한 사랑의 열정이 그대로 녹아
가슴으로 움직이고 더욱 퍼지며
그대 그리운 마음 붉은 열꽃 되어 피어났나요

바늘로 찌르는 듯한 저릿한 사랑
비수로 헤집는 듯한 아픈 사랑
간지러울 듯이 부드러운 그대 손길 그리며
등에 약을 바를 때면 피식 웃고 맙니다
이렇게 치유될 병이 아님을 잘 알기에

당신을 사랑하고부터 시작된 열꽃은
겉으로 드러난 아픔의 잔해가 아닌
내 마음이 오로지 당신을 향하고 있으므로
그대 내 곁에 있기를 항시 원하여 생긴
나 당신을 사랑하고 있다는 증거입니다.

창 窓

창 앞에 서 있는 당신이여
나는 이 창문을 열 수가 없군요

문고리가 안으로 걸려 있어서
당신이 열기 전에
나는 내 힘으로는 도저히
내 사랑을 전달할 수가 없군요

창 앞에 서 있는 당신이여
당신만이 이 창문을 열 수 있어요

문고리가 안으로 걸려 있어도
당신이 아니라면
나는 거부할테요 도저히
다른 사랑은 받을 수 없으니까요

창을 열어 주세요
어서 활짝 열고
내 사랑을 받아주세요

창을 열어 주세요
어서 상큼하게 다가와
나를 안아 주세요

당신만이 나를 사랑할 수 있음에
창 앞에 서 있는 당신이여

당신을 지켜보는 지금 나는
한 떨기 꽃으로 활짝 피어

창밖에 머물러 있습니다
당신의 그림자가 되어 있습니다.

사진 속에서

내가
내 얼굴을 보고 있는데
네 모습이 겹치는 것은
어떤 조화일까

하늘을 배경으로 찍은
사진 뒤에
푸른 하늘 속에 있는
너는 구름 빛이고

채석강 격포 물결
푸른 파도 위에
너는 한 마리 새로
내 곁에 날아왔다

사진 속에는
그리움이 담겨 있다
녹아들 정도의
애틋한 사랑이 있다.

나 너의 마음

내 마음은
내가 아니기에
너는 모른다

내 마음을
나보다도
더 잘 아는
너였는데

네 마음을
너보다도
더 잘 아는
나였는데

시간이 흐르고
다시
이파리가 변색되는
계절 가을에

네 마음은
내가 아니기에
네가
더 모를 수 있고

내 마음은
네가 아니기에
내가
더 모를 수 있다

내 마음은
이미 네 것이 되고
네 마음은
이미 내 것이 되었기에.

고백

줄어든 사랑이 아니다
줄어들 수 있는 사랑이 아닌
항시 베풀어도 부족한
당신에 대한 사랑이기에
가슴 한 쪽으로 몰아둔
애틋함과 아련함을
애써 숨기고자 함이다

줄어든 마음이 아니나
줄어들 수 있는 마음이 아닌
항시 주어도 모자란
당신에 대한 마음이기에
저며저며 끄집어 내어
발산하고자 하는 슬픔을
애써 숨기고자 함이다.